ほめ上手は、仕事上手。

このような視点で捉えられるとは、想像だにできませんでした。

力不足ではございますが…

心から感動しました。

ほめ本

こころ通わすコミュニケーション

前田 安正

こんなに楽しく仕事ができるとは思いませんでした。部下の指導に役立てています。

ぱる出版

まえがき

　日本語には敬語がある。相手に対する敬意を、上下関係を軸に表すものだ。自らを低めたり、相手を高めたりしながら、その場その場の立ち位置を変えていく。封建的な色彩が強いと言えなくもない。

　相手に対して敬意を持つことは重要だ。謙譲の美徳ということばが示すように、自らを押し出しすぎない姿勢にも独特の美学があり、僕は嫌いではない。しかし、いまは民主主義の時代であり、グローバルな時代だ。そこに上下関係を基本とする旧来型の敬語をそのまま当てはめても、どこかギクシャクした感じにもなる。2007 年 2 月、敬語を3分類から5分類にする「指針」が示された背景にもこうした時代の趨勢（すうせい）が反映されたのではないかと思っている。

　本書は、ほめるということについて、上記の観点から見直してみようと思って書いたものだ。語彙（ごい）に関する内容でもなく、正しい敬語の使い方を示したものでもない。ことばの言い換え集でもない。マニュアル化されたことばの本ではない。そういう本には仕上がらなかった。ほめるというシチュエーションがわからないまま、ことばだけを覚えても、使いものにならない。

　「できる大人」としての語彙のほとんどは、和語（日本固

有のことば)を漢語(中国由来のことば)に置き換えて小難しくしているにとどまる。たとえば、「お許しください」を「ご寛恕ください」としたり、「受け取りました」を「落掌しました」としたりする類いだ。

「彼の行動には忸怩たるものがある」といった具合に、使い慣れていないことばを使ったばかりに本来の意味からそれてしまうことも出てくる。「忸怩」は、「自らの行いについて心のうちで恥じるさま」をいう。「彼の行動について」言うのは、本来的な意味から外れている。何も難しいことばを使うことが、丁寧な言い回しになるとは限らない。

謝罪の場面で使われる「誤解を招いたとするなら遺憾に思います」という台詞は、「誤解を招いたのなら」という条件をつけている。「正しいことを言っていたのに、それを聞いていた相手が誤解した」という具合に、その原因は自ら招いたものではないと、暗に言っているように思える。「遺憾」には「思うようにならなくて心残りだ」という意味もある。結局「誤解を招いたとするなら遺憾に思います」は、謝罪のことばとしては、適切に機能していないのではないか。

こうしたことばのマジックに踊らされる必要はない。それより、真摯に相手を受け止め、しっかりと理解し、丁寧に話をすることの方が大切ではないか。そうすれば、必然的に発することばは相手を思う丁寧なものになるはずだ。

それこそが「ほめる」ということになるのではないか。

　辞書を引くと「ほめる」は「高い評価を与え、それを栄えあるように言うこと。たたえる」などとあり、「ほめる」という動詞は「目上の人に対しては用いることはできない」と書かれたものもある。そのため、評価する側とされる側には立場の違いが生じる。「ほめる」という動詞だけでなく、目上の人をほめるという行為自体にも、心理的な壁が立ちはだかってしまうのだ。

　しかし、語釈にはもう一つある。「祝う。ことほぐ。祝福する」。相手を祝福するとき、そこには敬意が生じる。評価という枠を離れて「敬意」として「ほめる」を捉え直せるのではないか。敬意であれば、年上・年下という関係をことさら意識する必要はない。

　本書は、徳山桃李という新人の書籍編集者が「ほめる」をテーマに本をつくる過程を通して、自らつくる本の内容を理解していくというストーリー仕立てになっている。本書をお読みになると、「こんな話は極端に過ぎる」「ありえない」とお思いになるかもしれない。読み物としてデフォルメした部分もあるが、ここに書いたことは僕が実際に目にしたメールや、耳にしたやり取りをベースにしている。

　こうした失敗の事例などを基に、相手に対するときの注意点などを【トーリの独り言】として各章の終わりに整理し

た。また、いくら敬意を持ったとしても、実際にことばにしたときに陳腐な表現になったり、場にそぐわないことばを使ったりする場合もある。そのときに役立つよう【トーリの自主トレ】で注意すべきことばなども整理した。

　書籍編集という仕事を例に書いたものだが、さまざまな仕事のなかで生かせるコミュニケーション術になっている。若手社会人が自分の仕事を成し遂げる際につまずきがちな目上の人との付き合い方に、じゅうぶん役立つものとなっている。また、管理職の方にとっても、人材育成や若手との付き合い方を考えるヒントとして活用していただけるものと思っている。

　2017年に刊行した拙著『マジ文章書けないんだけど』(大和書房)の主人公・浅嶋すずも、編集者として登場する。エントリーシートが書けず悩んでいた彼女が、徳山桃李の指導役となって帰ってきた。その成長ぶりも楽しみにしていただければ、と思う。

　どうぞ、手に取ってお読みください。「ほめる」ということばが持つ意味を考える一助になりますように。そして、少しでも円滑なコミュニケーションの助けとなり、豊かな人間関係を営む視座となれば、これに勝る喜びはありません。

^{もくじ}

CONTENTS

依頼のメールは簡潔かつ丁寧に

謝るときは誠心誠意、心を込めて

理屈だけで攻めても納得は得られない

ほ
ほめ
ACTION
4

意を尽くし理を尽くして、人を動かす

ほ
ほめ
ACTION
5

ほめ名人現る。あれ?なんと同い年だ

ほ
ほめ
ACTION
6

コトを動かすには、ヒトを巻き込まなくちゃ

CAST

TORI TOKUYAMA

主人公
マジ文出版 編集部
徳山 桃李

TORU ARAMAKI

キョロ
キョロ

マジ文出版 編集長
荒巻 亨

8

マジ文出版 編集部
浅嶋 すず

SUZU ASASHIMA

DAIGO ARISUGAWA

小峠産業大学
社会情報科学部教授
蟻巣川 大悟

GAKU USHIRODA

デザイナー
後田 岳

9

クレオ印刷
三宮 由衣

Yui Sannomiya

Keiko Yamamoto

パントリーさん
山本 佳子

マジ文出版 営業部
横山 一角

Ikkaku Yokoyama

Fumi Kamata

マジ文出版 営業部長
鎌田 文美

PROLOGUE

プロローグ

「やっぱり、駄目なのかなあ。出版の仕事。
向かないんだよ、きっと」

　入社して半年。何度、企画を出しても蹴られてさ。自暴自棄になってたときに、浅嶋すず先輩に誘われたんだ。「ちょっと飲もう」って。

　マジ文出版に入ろうと思った切っ掛けの一つに、浅嶋先輩の存在があった。先輩は就職活動のときにエントリーシートが書けずに悩んでいた。当時、先輩がバイトをしていたカフェの常連に、風変わりなおじさんがいて、ひょんなことから文章の書き方を教わることになったんだって。でも、文章を書くテクニックでは得られない核のようなもの、結局自分をどう客観的に表現できるかを教わったというんだ。

　それで先輩は、学生あこがれのOB2商事(オビツ)に就職できたんだとか。そんなうわさはあっという間に就活生の間に広まって、その後、そのおじさんに会いに行こうって、カフェに就活生が押し寄せたらしい。でも、おじさんの姿はもうなかったって。僕らの頃には、すでに都市伝説となっていた。

　出版の仕事をしたいと思っていろいろ調べていたら、一度つぶれかけて立て直されたマジ文出版に浅嶋先輩がいるっていうのを知ったんだ。そんな人が先輩にいるなんてって思うと心が浮き立った。

　とはいえ、小さい出版社だし給料も安そうだから、どうしようかなと思っていたんだ。取りあえず会社説明会に行ったら、荒巻編集長と浅嶋先輩が登壇して出版について話をしてくれた。そのときに先輩は「出版は熱量だ」って言ったんだ。何だ？熱量って。

　何のことを言ってるんだかサッパリわからなかった。ほかの出版社は、売り上げの見通しとか会社の将来性とか創業理念みたいなことを話すことが多いんだ。でも、マジ文出版は違ってた。荒巻編集長の言ってることも、支離滅

裂なんだけど、出版への思いはじゅうぶん伝わってきた。いけいけドンドンの体育会系の出版社だと嫌だなあ、と思っていたけど、どうもそんな雰囲気でもなさそうだ。変わった会社だなあと思ったんだけど、なぜか惹かれたんだよね。ここならやれるんじゃないかなって。

　筆記試験は、何とかクリアした。でも、面接は想定外の質問ばかり。はっきり言って、その意図がよくつかめなかった。だって、「今朝起きて、右と左のどちらの足から歩き始めたか」なんて聞くんだよ。そんなの覚えているわけがないじゃない。右でも左でも、それを見ている人はいないわけだし。適当に「左からでした」って答えたら、荒巻編集長が「そうか、僕と一緒だ」って笑うんだよ。何だかわからないでしょ。その次の質問は「目玉焼きには何をつけて食べる？しょう油？ソース？塩？」。「マヨネーズです」ってデタラメ答えたら、今度は鎌田営業部長が「だよね。私と一緒だ」って、また笑うんだ。もう、何がなんだか。

　結局、僕のどこがよかったのかわからないけど、合格通知をもらったんだ。ところが、単位をひとつ落として卒業は、9月になった。合格取り消し。やれやれまた就活やり直しかあと思っていたら、マジ文出版から「年明けからこないか」って連絡があった。どうやら1人辞めたんだとか。ラッキー！それで、1月入社ってことになったんだ。

　こんな感じだったから、仕事だってそれほど苦労しなくてもいけるだろうと思ってた。でも実際はそう甘くなかった。半年以上、まったく企画が通らない。腐ってたんだ。
　浅嶋先輩に、飲みに誘われたのは、そんなときだった。出版を目指す切っ掛けになった先輩に声を掛けられて舞い上がった。でもこれを記念にして、辞めてもいいかな、とも思った。
　先輩が行きつけの飲み屋に連れていってくれた。

15

カウンターとテーブルが三つの小さなところだったけど、品のいい店だった。席についてビールで乾杯するなり先輩が「辞めようと思ってるでしょ。だったらとめないよ」って言うんだよな。「ただ、辞める前に辞める、辞めるって言わないように。辞めるって大きな声で言う人に限って辞めないから。辞める人は静かに決断するもんだからね」。オイオイ、なんてことを言い出すんだ、そう思うならとめるだろ、普通。何なんだ、この先輩。

「いるんだよねえ。君みたいに
立ち枯れちゃう新人。立ったまま
枯れてるんじゃ、生きている木と
区別もできない。間引くことも治
すこともできない」

「誰が辞めるって言いました?」って
思わず食って掛かってしまった。

「そうなんだ。私は目玉焼きには何もつけないで食べるタイプだから。一度、試してみて。荒巻編集長はケチャップなんだって」。「面接でも聞かれましたけど、それって、どんな意味があるんですか」って思わず、大きい声を出してしまった。「試してみたらって言ってるの。頭で考えてもうまくいかないなら、取りあえず動けってこと」

「え、目玉焼きに何をかけて食べるかが、そんなに重要なことですか?」

「君、お腹すいてるでしょ。だからイライラしてるんだ。ここのオムレツおいしいから食べなよ」って、勝手にオムレツを注文したんだ。それがでっかいオムレツで、とても食べきれる代物じゃなかった。取り分けて食べようと思ったら、「とにかく試してみなさいよ」って言うんだ。「こんな大きなオムレツ食べられませんよ」って答えると、「試しもしないくせに。とにかく食べてごらんなさい」って。

　まあ、食べ始めたらおいしくて、結局ペロッと食べてしまったんだよ。そうしたら「ほら、食べられたじゃない。ここのオムレツは私だって完食できるほど、おいしいんだよ。試さなくちゃわからないでしょ。頭で考えて、勝手に枠をつくるのって才能をつぶすだけ。もったいないよ」って言われて、なんだか悔しくて涙が出てきたんだ。

17

「100本。取りあえず毎日、企画のアイディアを100本
書きなさい。やる気があるなら、私もみてあげる。そうすれば
1本くらい当たるでしょ」
「100本?! できるわけないですよ」
「ほらまた。やってみなくちゃわからないでしょ。自分で
限界をつくらないようにしなくちゃ。できない理由は100
でも言えるよ」

　だから、書いたさ。そうは言っても、さすがに1日100
本は無理だった。それでも少しずつ、毎日書き続けた。寝て
も覚めても考え続けた。

それから2カ月、
ようやく通ったんだ。

依頼のメールは
簡潔かつ丁寧に

徳山桃李(トーリ)はその日、久々に気分が高揚していた。マジ文出版に入社して8カ月。初めて単行本の企画が通ったのだ。編集者とはいっても、そう簡単に企画は通らない。最近は読書人口が減ってきて、出版業界も厳しい。本を出せば売れるという時代ではない。

それでも、いい本を出して版を重ねたいという思いは、編集者みんなが思っているところだ。しかし重版がかかるような本は、そう簡単に生み出せるものではない。出版の企画会議でも、以前より収益の見通しが厳しく問われるようになった。

執筆依頼のメールも出したし、OKの返事さえもらえれば単行本の制作に入れる。我が社から出した『大逆転の敬語』の著者・蟻巣川大悟先生。このときの編集者が浅嶋すず先輩だ。先輩とは息がピッタリだったし、たちまち重版の売れ行き。蟻巣川先生も気分よく応じてくれるはずだ。

いける、いける。大丈夫だ。

　高ぶる気分をしずめて打ち合わせの準備を整えようと、
徳山は会社近くの喫茶店に入った。

　しかし、長かったなあ。8カ月だよ、8カ月。信じられない
よな。企画会議にかけても「新味がない」とか「エビデンスは
どうなんだ？」とか、いろいろ言われたけど、やるときはやるっ
ちゅうの。

　アイスコーヒーのストローを
前歯で嚙みながら、徳山は
ページ建てを考え始めた。

「編集長、トーリ君、見かけませんでした?」。すずは、編集長の荒巻亨に声を掛ける。すずにしては、珍しく動揺している。

「浅嶋、どうかしたの。顔色悪いよ」

「トーリ君、小峠産業大学の蟻巣川先生に、執筆依頼のメールを出したらしいんです」

「ああ、今回の企画だろ。やっとまともな企画を出せるようになったな、トーリも。なかなか面白かったけど。メール?送る前に見せろって言ってたんだがな」

「先生から、徳山桃李はマジ文出版の社員かって問い合わせがあったんです。以前、先生に執筆をお願いしたことがあったので......」

「おお、蟻巣川先生。たちまち重版の本の著者。あれ?なんていうタイトルだっけ」

「『大逆転の敬語』です。ちゃんと覚えておいてくださいよ」

「ああ、それそれ。で、トーリは、何かしでかしたのか」

「温厚な蟻巣川先生が、かなり戸惑ったご様子で......。トーリ君に電話してみます」

「浅嶋先輩、何かあったんですか？なんか、息が上がってるみたいですけど」。のんびり編集部に上がってきたトーリが、間の抜けた様子で口を開くと、

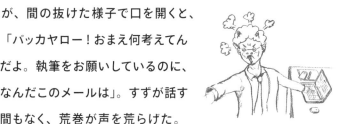

「バッカヤロー！おまえ何考えてんだよ。執筆をお願いしているのに、なんだこのメールは」。すずが話す間もなく、荒巻が声を荒らげた。

「え？何が問題なんですか」。首を傾げるトーリに、すずが言う。

「トーリ君、蟻巣川先生が、とても当惑してらっしゃるの。このメールの差出人は、マジ文出版の人かって。編集長もバッカヤローは言いすぎ」。何か言おうとしていた荒巻は、口を開けたまま固まった。

「マジ文出版の人かって、何言ってるんでしょうね。ちゃんとそう書いているのに」

「違うだろ。そういうことじゃないんだ。マジ文出版には、こういう失礼なメールを送る編集者がいるのかっていうことなんだよ」。荒巻は、怒りであわあわし始めた。

「えー？なんですか、それ」

「トーリ君、君の書いたメールを読んで、先生は編集者としてのトーリ君、ひいてはマジ文出版の品性・信頼性について、疑問をお持ちになったってことなの」と、すずは説明した。

「これまで浅嶋たちが培ってきた信頼を、このメール1本で台無しにする気か！」

「編集長、そこまではないでしょ」。徳山は口をとがらす。

「何もわかっちゃいないんだな。お前の送ったメールを読み返してみろ」。荒巻は、すずから渡されたメールのプリントを、バンッとデスクに置いた。

社外の協力者

担当者は企業の代表

口コミ評判

マジ文出版

トーリが送ったメール本文

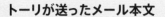

小峰産業大学社会情報科学部
蟻巣川大悟先生

　平素大変お世話になっております。

　初めてご連絡差し上げる、マジ文出版編集部の徳山と申します。このたび、コミュニケーションを円滑にするための「ほめことば」について、単行本を発行しようと考えております。タイトルはいまだ未定ですが……(笑)。

　そのなかで、会社でエラそうにしている 50 代のおじさんたちも、定年が近づくと次第に発言権がなくなってきます。その割にはプライドだけが残っている現状に、若者たちはついていけません。そこで、蟻巣川先生に、この辺について書いていただければ、と思った次第です。

　お打ち合わせを頂戴できれば、と思います。蟻巣川先生のご都合を教えていただけないでしょうか。よろしくお願いします。

　　　　　　…………(略)…………

　「メールを書いたら見せろって言ったろ。何がエラそうにしているおじさんたち、だ。しかもタイトルは未定ですがの後の (笑) はなんだ」。荒巻はその部分を赤鉛筆で囲んだ。

「だって、実際に編集長だってそうでしょ。エラそうにしてるじゃないですか。それに、親しみを込めて (笑) を入れたっていいじゃないですか」

「トーリ君、それは違うよ。こんなメールを受け取ったら、相手がどう思うかを考えなくちゃ。先生からのメールを見てごらんなさい」

蟻巣川先生からのメール本文

マジ文出版
浅嶋すず様

..........(略)..........

　大変ぶしつけではありますが、教えていただきたいことがあり、メールを差し上げました。

　先日、徳山という方から執筆依頼のメールを頂戴しました。貴社の編集者とのことですが、ご存じでいらっしゃいますでしょうか。

　徳山さんからのメールにあるように、私も 50 代、エラそうなおじさんの集団のなかにおりますし、プライドも持っております。徳山さんがどういう趣旨で「ほめことば」について私に執筆依頼をなさったのか、図りかねております。

..........(略)..........

「蟻巣川先生は、トーリ君から初めて受け取ったメールを
読んで、君に不信感を持ったってことなんだよ。わかる?」
「そうですかあ?なんでかなあ」
「君がイメージする50代は編集長かもしれないけど、
蟻巣川先生だって50代なの。私憤のようなものを先生に
ぶつけてどうするの。そもそも『ほめことば』の企画は、
年代に関係ないでしょ。それに、執筆依頼をする正式な
メールに(笑)とか、絵文字を入れるのは、失礼じゃない。
友達とのやりとりじゃないんだよ」
「じゃ、どうすればよかったんですか」
「そんなこと自分で考えろ。もう社会人だろ」
「編集長、ちょっと落ち着いて」
「そうですよ、そういう言い方がエラそうだって言ってる
んです」
「こら、トーリ君も言いすぎ。とにかく、トーリ君が書いた
依頼のメールを考えましょうよ。
①書き出し ②要件 ③打ち合わせ日時の確認、の順で見て
いくからね。いい?」

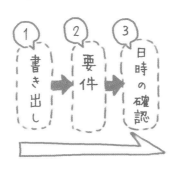

すずによる解説

①書き出し

トーリの原文
平素大変お世話になっております。
　初めてご連絡差し上げる、マジ文出版編集部の徳山と申します。

　初めて連絡するのに「平素大変お世話になっております」は、矛盾してるでしょ。メールをする前に、会社の誰かがお世話になっているなら「〇〇の節は ×× が大変お世話になりました」って具体的に書けば、相手にわかりやすいと思う。それに、「徳山」と苗字だけではなく、フルネームにしておくこと。しっかり自分を名乗ることで、相手に安心感を与えることができる。

 ### すずの改善例 1
　マジ文出版編集部の徳山桃李と申します。突然メールを差し上げることをお許しください。

すずの改善例 2
　マジ文出版編集部の徳山桃李と申します。突然メールを差し上げる非礼をご寛恕ください。

　相手にとっては面識のない人からメールが送られてくるのだから、まず自分が何者であるかを知らせて、安心感を持ってもらう。そのうえで突然メールを送ったことへの許しをいただく形にするの。相手は、文面からしかその人を推し量れない。だから、ファーストコンタクトは簡潔にして丁寧であるべきだと思う。

ファーストコンタクト

推　測

　この場合、「平素大変お世話になっております」という文に大きな意味はないでしょ。よく見かける一文だけれど、取りあえずのごあいさつでしかなくて誠意が感じられない、と受け取られることもある。何度かやり取りがあって、実際に仕事上でお世話になったのなら、相手も腑に落ちるだろうけれど、やみくもに「お世話になっています」と書くのは、思考を停止した感じに受け取られなくもない。

　手紙と違って、メールはビジネスツールなんだからスピードが命。簡潔に書くことはとても大切なこと。手紙との違いも意識して文章を書いていこう。ちなみに「寛恕」は「心が広く、思いやりのあること。とがめずに許すこと」。「ご寛恕ください」は「心広く受け止めてお許しください」っていうこと。

すずによる解説

②要件

トーリの原文

このたび、コミュケーションを円滑にするための「ほめことば」について、単行本を発行しようと考えております。タイトルはいまだ未定ですが......(笑)。

そのなかで、会社でエラそうにしている50代のおじさんたちも、定年が近づくと次第に発言権がなくなってきます。その割にはプライドだけが残っている現状に、若者たちはついていけません。

ここが一番大切なところでしょ。依頼する蟻巣川先生に、出版の趣旨がしっかり伝わるようにしなくちゃ。「タイトルは、いまだ未定ですが......(笑)」は必要ない。本の内容をしっかり理解して書いていただくことが第一。そのうえでタイトルを決めればいい。原稿がそろう前にタイトルを決める必要はないから。それに「いまだ未定」は重言。「いまだ」は「未だ」だからね。編集者の常識を疑われる。

「エラそうにしている50代のおじさんたちも......」は、執筆を依頼する方の年齢が50歳代だと、その方を批判しているように受け取られる。そうでなかったとしても、人をおとしめるような物言いは、失礼。たとえ、少し笑いをさ

そう狙いがあったとしても、これは失敗。メールの書きぶり
で、人柄を判断されるということを理解しておかないといけ
ない。

✏️ すずの改善例

　コミュニケーションを円滑にするための「ほめこ
とば」をテーマに、単行本を発行したいと思い、企
画いたしました。

　昨今、過剰敬語が使われる一方で、ことばで相手
を傷つけることなども社会問題になっています。こ
れは、各世代に通ずるコミュニケーションの問題で
はないかと思うのです。さまざまな場面で、もう少し
相手を上手にほめることができれば、円滑にことが
進むのではないか、と実感することも多々あります。
今回の企画は私自身の反省も含めたものでもありま
す。

　もちろん、コミュニケーションの問題は、単に語彙
としての「ほめことば」に限定されるものではない
ことは重々承知しております。

　ここの書き出しは、トーリ君の書いた通りでもいいと思
う。ただ「『ほめことば』について」とすると、それがタイト
ルのように感じて、書き手の思いを縛ることにもなる。だ
から「『ほめことば』をテーマに」とすれば、相手にも裁量
があることを示せるでしょ。だいたい、こういうものは書き

進めるうちに内容が少しずれることもあるから、のりしろを残しておくようにすると、こちらもゆとりが持てるでしょ。

　第2段落は、トーリ君が実際に感じたことをもとにして企画の説明をすると、説得力が出てくると思うんだ。「過剰敬語」と「ことばで相手を傷つけること」というような対比を提示すると企画の意図がわかりやすくなる。トーリ君は、編集長という「お手本」から考えたにしても、それを一般化しないと執筆を依頼された蟻巣川先生としても、戸惑いが生じてしまう。

　特に「50代」なんて具合に年代を決めつけると、先生に反省文を書かせるような印象を持たせてしまうじゃない。むしろ「今回の企画は私の反省も含めたもの」というふうに、トーリ君自身の問題意識をサラッと入れておけば、とても身近なものとして先生も捉えてくださるでしょ。
　最後の段落は、先に示したように「ほめことば」はあくまでもテーマだということを補強しておくと、先生も安心なさると思う。

すずによる解説

③打ち合わせ日時の確認

トーリの原文

そこで、蟻巣川先生に、この辺について書いていただければ、と思った次第です。

　お打ち合わせを頂戴できれば、と思います。蟻巣川先生のご都合を教えていただけないでしょうか。よろしくお願いします。

「この辺について書いていただければ」とあるけれど、「この辺」って何を指しているのかがわからない。「ほめことば」についてなのか「50代についていけない若者」についてなのか、本の目的をしっかり確認しておかないと、受けてもらえないよ。

「お打ち合わせを頂戴できれば」と書かれても、何の打ち合わせなのか目的がしっかりしない。それじゃ、都合を聞かれても二の足を踏んでしまう。

すずの改善例

　そこで、社会情報とことばについて造詣の深い蟻巣川先生に、ご執筆いただけないかと思い、ご連絡差し上げた次第です。一度お会いして、改めて企画の趣旨をお話しするとともに、先生のご意見を頂戴する機会をいただきたいと存じます。

　ご多用のところ大変恐縮ではありますが、蟻巣川先生のご都合のいい日時をご教示くださいませんでしょうか。お目通りかないますことを楽しみに、ご返事をお待ちしております。

　立秋も過ぎ、ツクツクボウシの鳴き声がまじるようになりました。とはいえ、まだまだ暑く不安定な天候が続いております。どうぞ、ご自愛くださいませ。

　なぜ蟻巣川先生に執筆を依頼したのかを明確に伝えるようにしよう。先生は「社会情報とことば」を専門になさっているから、その知見を生かして今回の執筆をお願いしたいということを伝えなくては。トーリ君の企画の意図と、先生の意見とのすり合わせが、本をつくるうえで重要だということをしっかり伝える文章にしておく。

　そのうえで先生の都合を伺う。こちらのスケジュールを先に伝えることもできるけど、先方をせかしているように取られては、コンタクトが難しくなる場合もある。まずは先方の都合を優先した聞き方がいいと思う。

　　時候のあいさつを入れるときには、実際に感じた情景を織り込むと自然な心遣いが生まれるでしょ。型どおりのことばを使うにしても、ちょっと工夫すると印象が違ってくるからね。相手を気遣うことばや近況なども、メールの最後に短く入れると、ビジネスのやり取りに少しゆとりが生まれる。長々書くのは、かえって迷惑となる場合があるから要注意。

「ね、こんな感じでどう？」
「へえ、先輩はここまで考えてメール出してるんですか」
「トーリ君が理解できるように分析しただけ。文章は文字情報だけだから、論点をしっかりしておかないと誤解されたり、不安を持たれたりする。会話だと身ぶり手ぶりや表情があるから、多少ことばが足りなくても理解されることもあるだろうけどね。でも、それはそれで、難しいものだと思う」

「トーリ、先生のところにお詫びに行くぞ。支度しろ」。荒巻は、なぜか気合じゅうぶんに、腕まくりをしながら声を張り上げた。
「えー、行くんですか？ メールでいいじゃないですか」
「誠意を見せろっての。ほらグズグズするな」
「編集長、ちょっと待ってください」。すずがそう言うか言わないかのうちに、荒巻は編集部を後にした。

ACTION 1
ほめ

依頼のメールは簡潔かつ丁寧に

トーリの独り言

メールでの依頼は、相手が安心感を持てるように自分の名前はフルネームで記す。

文字情報で伝える場合は、内容を簡潔かつ丁寧に。

①

書き出しのあいさつは要注意。「平素お世話になっています」などの定型句を安易に使わない。

実態から外れたあいさつは、かえって失礼になることがある。

②

日程調整は相手の都合を聞いて、それに自分が合わせるようにする。

⑤

時候のあいさつを入れるときは、実際の情景を自分のことばとして伝える。自然な心遣いを添えるよう心がける。

⑥

要件は、明確に示す。企画の意図を具体的に説明し、相手の共感を得られるようにする。

書きぶりで人柄が判断される。

③

打ち合わせの目的は、仕事を依頼する理由とともにしっかり明示し、協力を仰ぐ形にする。

④

「いまだ未定」は重言。「未定」だけで OK。

(笑) や絵文字は使わない。

⑦

トーリの自主トレ

浅嶋先輩は、なかなかしゃれたことばを使ってたなあ。

お許しください ⇒ ご寛恕(かんじょ)ください

とか。普段、あまり使わないけど「ご寛恕」なんて、ちょっと
大人っぽいことばを使えるようになったら、カッコいいかも。
ほかにも何かあるんじゃないかな。ちょっと調べてみるか。

① お世話になっております

- ⇒ **大変**お世話になっております
- ⇒ **いつも**お世話になっております
- ⇒ **平素**お世話になっております

浅嶋先輩が言うように、初対面の人へのあいさつや、初
めてメールを出す人に対して「お世話になっております」と
いうのは、おかしいかもしれない。でも、必要があって使
うときに、「お世話になっております」の前に「大変」とか「い
つも」「平素」なんてことばをつけることは、よくある。で
もまあ、普通だよな。特別な感じはしない。

⇒ **ひとかたならぬ**お世話になっております

少し堅苦しいけれど、その分、あらたまった感じは出て
きそうだ。

「ひとかた」は「一方」って書くのか。これを「いっぽう」と読んではいけない。「ひとかた」は、「普通の程度であるさま」のことだって。それを「ならぬ」で否定するから「普通の程度ではない」ってことになるんだ。

⇒ **はなはだ**お世話になりました

「はなはだ」をつける表現もあるみたいだ。漢字で書くと「甚だ」。「程度が普通の状態をこえているさま」「非常に」っていう意味だ。「甚大な被害」の「甚」か。これをつけるとお世話になった度合いがグッと増す感じがする。

　でも「はなはだお世話になります」っていう、現在形で使うことはあまりないような気がする。「はなはだお世話になりました」っていう具合に過去形で、お世話になった後のお礼として使う方が一般的かもしれない。

　普段使っていることばに、程度を表すことばを添えると、ニュアンスが変わってくるもんなんだ。これは、なかなか面白い発見だ。

② ありがとうございました

⇒ **お礼**申し上げます

　お礼のメールを出すときに、いつも「ありがとうございます」とか「お礼申し上げます」くらいしか書けないんだけど、ほかにもバリエーションがあると便利だよな。そう思っ

て調べてみたら、いくつか見つかった。

⇒ ご厚情に感謝申し上げます

「ありがとう」だけではなく「感謝」っていうことばも、お礼として使える。「感謝申し上げます」も時々使うフレーズだ。そこにひと載せするってわけ。

「ご厚情」は、相手の「親切な気持ち」「思いやりのある心」って意味。その気持ちや心に対して「感謝する」ということ。

⇒ 痛み入ります

えーっ、「いたみいります」っていうことばは、聞いたことがあったけど「痛み入ります」って書くんだ。知らなかったなあ。相手の「親切・好意に恐縮する」ってこと。

⇒ 恐縮しております

恐縮ってすごいなあ。「身も縮むほど恐れ入ること」だって。「おほめのことばをいただき、恐縮しております」。これって、最大限のお礼かもね。あ、何かを依頼したり、お詫びしたりするときにも使えるらしい。

「恐縮至極」っていうことばもある。「至極」は「きわめてもっともなこと」「きわみを尽くすこと」か。この場合は「この上なく〜である」っていう感じかなあ。

3 ～と思います

⇒ ～と**存じ**ます

　メールを書くと「～と思います」で終わる文が多くなるんだよ。変化がほしいよね。

　「～と存じます」は、「思います」「考えます」の謙譲語。「こちらの方がよいかと存じます」みたいに使う。「知る」「承知する」の謙譲語でもあるんだ。「よく知っています」を「よく存じています」とすると、上品になるもんね。

⇒ ～と**信じて**おります

　「～と信じております」は、同僚が頑張っているときの応援に使える。「Aは、間違いなくやり遂げると信じております」みたいにね。自分のことには使えないけれど、同僚を介して状況を伝える、って意味ではなかなかの高等技術になるんじゃないかな。

⇒ ～と**推察**いたします

　「～と推察いたします」は、物事の事情や人の心中をあれこれ考え、思いやること。

　「大変なご苦労をなさったことと推察いたします」とか「心中いかばかりかと推察いたします」のように使うと、相手への思いが伝わるんじゃないかな。

④ 頑張ります

⇒ 最善を尽くします

やる気を示そうとする文章を書くときに「頑張ります」ばかりじゃ、ちょっと弱いよね。「最善を尽くします」は「できうる限り、ベストを尽くす」っていう意味。
「今回のプロジェクトにおいて、最善を尽くします」なんて書くと、強い決意を伝えることができる。

⇒ 尽力します

「尽力します」にも「あることをなすために、力を尽くすこと」「努力すること」っていう意味がある。
「再建に力を尽くそうと思います」でもいいけど、「再建に尽力します」って言う方が、力強さが前面に出てくる感じがするな。「思います」っていうのは、どこか弱い感じがして、逃げ腰のようにも思える。バシッというときには、強いことばも必要だね。

⇒ 不退転の決意で臨みます

「不退転の決意で臨みます」なんて言い回しをスラッと使えるとカッコいいよね。「不退転」は「屈しないこと」「かたく信じて変えないこと」っていう意味。どんな状況になっても、最後までやり遂げるっていう感じが出て、不屈の闘志がうかがえる表現になる。

⇒ 踏ん張りましょう

　頑張っている人に「頑張れ」と言うのは、かえってプレッシャーを与えるだけかもしれない。だから「お互い踏ん張りましょう」なんて言い方にすれば「一緒に力を合わせて努力しよう」とか「応援してるよ」っていう感じが出るかもしれない。

5 ～させていただく

　そうそう、なんでも「～させていただく」っていうのを使わないように注意しているんだ。「させていただく」っていうのは、「自分がしようとする動作やことについて、許しを願う謙譲語」なんだって。
「もう少し、待たせていただきたい」
は、待つことを許してくださいっていう許可をもらっていることだもんね。
「披露宴の司会を務めさせていただく〇〇と申します」
っていうのは、司会を頼まれたはずなのに許可をもらう形の謙譲語にしている。ここは「披露宴の司会を務める〇〇と申します」でいいと思うんだけど。
　丁寧に伝えようとするのは、僕も賛成だけど、「させていただく」はあまり使いすぎない方がいいような気がしているんだ。ほかの表現はないかなあ、と辞書を見ていたらちょっといい感じの言い回しがあった。

⇒ 頂戴する

　これは、何かをもらうことを、へりくだっていうことばだ。
「おいしいお菓子を頂戴する」
っていう具合に使うよね。具体的なモノでなくて、気持ちというような抽象的なモノにも使うことができるんだって。
たとえば
「お心遣いを頂戴し、恐縮しております」
なんていう風に使える。早速②で書いた「恐縮」を使ってみたよ。大人な感じが出るでしょ。

⇒ あずかる

　漢字で書くと「与る」。「預かる」ではない。「与って力がある」って具合に使う。これは「物事に多大の貢献をする」って意味だ。
「あずかる」は「物事にかかわる」「関係する」「関与する」って意味なんだけど、もう一つの重要な使い方がある。
「お〜にあずかる」の形で「目上の人の好意や恩恵を受ける」ってことを表すんだ。
「おほめにあずかり、光栄です」とか
「お招きにあずかり、感謝に堪えません」とかね。
　丁寧度がグーンと上がるでしょ。こういうことばを会話や文章のなかにちりばめると、相手に対してとても丁寧な言い回しになるんじゃないかな。

きょうは、マジ文出版の編集者・浅嶋すずさんにお話を伺います。

Q：徳山桃李さんのメールを ①書き出し ②要件 ③日時の確認 という三つの要素に分けて、書き直していらっしゃいましたが、どこでこんな手法を学ばれたんですか？

A：学生時代、私は文章が全く書けませんでした。就職は食品関係の商社にでもいけたらなあ、と漠然と思っていただけだったんです。

そんなときにアルバイト先のカフェで、いつもカプチーノのグランデサイズを買って2時間ほどいらっしゃる常連の方に、文章の書き方を教わったんです。

呼んだ！？

Q：文章の書き方を？ 出版社に入るため？

A：いえ、いまお話ししたように、何となく食品関係の商社って感じで、そのときは出版社なんて考えもしませんでした。

Q：それじゃ、なぜ文章の勉強をなさったのですか?

A：お恥ずかしいのですが、エントリーシート(ES)が、まったく書けなかったんです。その常連さんが言うには、ESは社会の扉を開く第一歩だって。だから、これがしっかり書けないと書類審査で落とされて、面接すら受けられないって。

Q ： 最近はインターンシップ(IS)で、実際の働きや人間性を見て採用する方法も多くなりましたけどね。

A：そうですね。でもISを受けるにしても志望理由を書かないといけないから、結局文章で自分を表現しないといけないってことなんですよね。

Q：なるほど、そうですね。で、どういう勉強をしたんですか。

A：最初は、自分の短所と長所を10個ずつ書けって。

Q ： 短所と長所ですか? ほー、そう言われると案外難しいかもしれないな。

A：でしょ。短所はすぐ書けたんですよ、10個。でも、長所が2、3個しか書けなかったんです。それは、自分自身を客観的に見られていないからだって。長所が書けないのは、謙譲の美徳ではなく、正当に自分を評価することができていないからだって。社会に出ていくには、自分のリ

ソース(資源)を把握することから始めなくてはならないってことだったんでしょうね。

Q：短所と長所がESに関係するのはわかりますが、それと文章の関係は?

A：文章も同じなんですよ。客観的に書けるかどうか。教えられたことは、とてもシンプルでした。一つの文がある。文がいくつか連なったものが文章だって。文は主語と述語がしっかりかみ合うようにする。文章は表現したいことをできるだけ前に持っていく。この二つを押さえれば、読み手にわかりやすい文章が書けるって。

Q：文と文章ですか。でも、当たり前のことを言っているように思いますが……。

A：そうなんです。主語と述語なんて、簡単なことだと思うじゃないですか。でも、これができない。一つの文にたくさん要素を入れ込んでしまいがちなんです。だから、主語と述語がわかりにくくなる。そのために、文を分解して考えるようにって言われました。

Q：文を分解？

A：はい。知らず知らずのうちに複雑になっている文を解きほぐす作業です。たとえば

「このバッグはブランドものなので、値段と人気が高く、品質とデザインが美しいバッグです」

みたいな文です。言いたいことは大体わかるけど、しっくりこないでしょ。

余分な要素を丸括弧でくくると

「このバッグは(ブランドものなので、値段と人気が高く、品質とデザインが美しい)バッグです」

ね、この文の構造は「このバッグは ～ バッグです」になっているんです。

Q：あれ、本当だ。要素が多いから？

A：そうです。だから、主語と述語が曖昧になってしまうんです。これをひとつひとつ分解していく練習をしました。主語を表す「は」と「が」の違いに注目したりして、文章を書くことに特化した文法の基礎を教わったんです。

Q：文章についてもですか。

A：5W1HのWHYの使い方を徹底的に教わりました。何をするにも「なぜ」が必要だって。それは、企画書を書くときや著者の原稿を読むときにも役立っています。

Q：で、そうした手法とESは、どう関係するんですか?

A：長所と短所についても、なぜそれが長所・短所だと思うのかっていう分析をすることにつながりました。会社の志望動機も同じです。「なぜ」がはっきりしていれば、どんな角度から質問されても、答えはぶれない。そういうことだったのです。それで、前職のOB2商事に入れたんです。

Q：面白いですね。

A：はい、これについては、『マジ文章書けないんだけど』(大和書房)にまとめているので、お時間があればご覧ください。

Q：えーっ、いいんですか。この本の出版社と別ですが……。

A：大丈夫でしょ。ここの出版社と編集者は太っ腹ですから。

Q：ああ、そうですね。間違いなく太っ腹です。で、商社からなぜ出版に移られたんですか。

A：入社2年で広報部に配属されて、社内広報を作ったりプレスリリースなどを書いたりしていました。あるとき部長から「本好きの会長の肝いりで、傾きかけた出版社を買収したから、行ってこい」って。骨のあるいい出版社なので、何としても再建したいってことだったようです。それから5年になります。

Q：徳山桃李さんのメールを三つの要素に分析したのも、ESの書き方を勉強したときに培った方法がベースになっているということですね。

A：はい、おっしゃる通りです。文章は書いただけで完結しません。読まれて理解されて初めて完結するのです。その先にあるものが、感動です。本をつくる作業は、著者の左脳と、デザイナーの右脳と、印刷・営業の筋骨でできています。編集者はそれをつなぐ神経のようなものです。どれ一つが欠けても、いいものはできません。感動を生み出すために隅々にまで気配りできる存在でありたいと思っています。

ありがとうございました。新作を楽しみにしております。

謝るときは
誠心誠意、心を込めて

徳山桃李は、憂鬱な気分になっていた。徳山は小峠産業大学社会情報科学部教授の蟻巣川大悟に執筆の依頼をした。しかし、そのメールを読んで蟻巣川が強い不信感を持ったというのだ。先輩の浅嶋すずに連絡が入ったのだ。浅嶋は前回、蟻巣川の著書に関わっていて信頼が厚い。徳山も浅嶋の信頼をバックに、蟻巣川に執筆を依頼したむきがないでもなかった。

　編集長の荒巻亨が息巻く横で、浅嶋からメールの書き方について、みっちり指導された。そして蟻巣川の自宅まで謝りに行くことになった。浅嶋に聞いて、蟻巣川へのお詫びの品も用意した。謝罪に行くというのに、荒巻は妙にテンションが上がっている。2人が心配だからと浅嶋も同席することになった。

　はあ、これじゃ、まるで四者面談じゃないか。あーあ、かっこ悪い。

　蟻巣川の自宅に着いた3人は、居間に通された。華美ではないが、丁寧なつくりの家具が品良く配置されている。固めのソファーは座り心地がいい。

　蟻巣川が、のそっと居間に入ってきた。おお！190センチはあろうかという長身。首は牛のように太い。胸板もドラム缶のようだ。耳もつぶれている。絶対、ラグビーをやってたな。ポジションはロックに違いない。「社会情報とことば」が専門だと聞いていたので、トーリは、小柄な文学青年風を思い描いていた。プロフィールはすっきりした面立ちに写っていた。あまりのギャップに、トーリは口をあんぐりと開けていた。

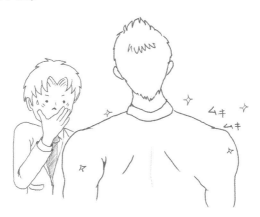

　荒巻とすずは蟻巣川の姿を見ると、スッと立ち上がった。すずが口を開けたままのトーリの肩をバシッとたたく。ハッと我に返ってトーリも直立した。

「蟻巣川先生、編集長の荒巻亨でございます。ご無沙汰しております。ご執筆いただいた『大逆転の傾向』は、お陰様で大好調でして、書店でも評判になっております」

　蟻巣川が、え？という顔で、荒巻を見る。「え？」。荒巻も蟻巣川を見返す。

「編集長、違う、違う」。すずが慌てて荒巻の脇腹をつつくが、荒巻は間違いに気づく風もなく「うん？ああ、大丈夫だ」と小声で返す。

「『大逆転の敬語』。傾向じゃなくて敬語です。それも、たちまち重版の大ヒットです」。すずが荒巻の耳元でささやく。

「あ、申し訳ありません。……傾向ではなく敬語でした。……はい。たちまちの重版でして……」。緊張しすぎているのか、荒巻は息が上がって声にならない。目も飛んでいる。

「もう、編集長！しっかりしてください」。すずは、またまた小声で言いつつ、脇腹を思い切りつねった。「うぐっ！」。荒巻は脇腹を押さえてうずくまる。

　すずは蟻巣川の方に向き直って「先生、大変失礼しました。書店でもネット販売でも大きな反響があり、発売1週間で、たちまちの重版です」と続けた。

　蟻巣川が突然、噴き出した。「ああ、敬語と傾向かあ。うん。似てなくもない。うまいこと言うなあ……」

「うん？」。何が受けているのかもわからず、荒巻は蟻巣川に引きずられて肩を揺らして、一緒に笑い始めた。

「編集長、編集長！」。すずは、荒巻を促す。

　ハッとわれに返った荒巻が言う。「えっ！ああ、そうだった。先生、お忙しいなかお時間を頂戴し、ありがとうございます。このたびは担当の徳山が、先生に対して大変失礼なメールを差し上げたとのこと、誠に申し訳ありませんでした。本日は、そのお詫びに伺いました。さぞご気分を害されたことと存じます。私の監督不行き届きで、大変なご迷惑をおかけいたしました。深くお詫び申し上げます」。そう言って、荒巻は深々と頭を下げる。すずも続いた。トーリはボーッと蟻巣川の顔を見ている。「オイ！」。荒巻が小声でトーリを促すと、慌てて頭を下げた。

「お3人とも、頭をお上げください。別に気分を害したわけではありませんから。企画の趣旨がよくわからず、いたずらメールかと思って浅嶋さんに確認を取ったというわけです。かえってご心配おかけして申し訳ありませんでした」
「ほら、よかったじゃないですか。先生も怒ってなかったんじゃないですか。みんなで大騒ぎするから。ああ、緊張して損したな」

「徳山、何言ってるんだ。我々にお気遣いくださったこともわからないのか。先生、重ね重ね申し訳ありません。ほら、お前からもしっかりあまやりなさい」。荒巻は、トーリへの歯がゆさと緊張で、滑舌がままならない。「編集長、あまやりなさい、はおかしいでしょ。ここ、かんじゃ駄目でしょ。ガハハハ」。トーリは大声で笑い出した。

　荒巻は、目に涙を浮かべている。

「浅嶋さん……」。蟻巣川も戸惑いを隠せない。「どうしたんでしょう。緊張しすぎているのかな」。すずもこの場をどう取りなしていいのかわからないといった顔になった。

「徳山君、そういう揚げ足取りはいいから。先生にきちんとお詫びしなくては駄目でしょ」
「ナンカすみませんでした。編集長を見てると、ついツッコみたくなるんですよ」。すずにひそひそ声で言うと、すずも小声で返す。「ツッコみたくなるとか、失礼でしょ」。すずは苛立って、トーリの足を思い切り踏んづけた。
「うっぐぐ……」。トーリは声を押し殺してうめいて、足をさする。そして蟻巣川に向かって言った。
「先生、私のメールが先生に誤解を与えたなら、大変遺憾に思います」。トーリは、うまいこと言えたと思ったのか、どや顔になった。

「私が誤解したと……?」。蟻巣川は、深い戸惑いの渦に巻き込まれる。

　すずは手で顔を覆って、天を仰いだ。トーリは状況に気づくことなく、お詫びの品を取り出した。

「本当にくだらないものですが、あのー、これをどうぞ」。

「徳山！」。荒巻が怒りで声を震わせながら、それでも何とか大声を出さないようにと大きく息を吸おうとしたときだった。

「いい加減にしなさい！」。すずがピシッとトーリに言った。

「浅嶋先輩、何怒ってるんですか」

「蟻巣川先生、度重なるご無礼、申し訳ありません。徳山と話をしたいと思いますので、席を外させていただけますでしょうか。編集長、ちょっとお願いします」。蟻巣川の了解を得て、すずはトーリを連れて、居間の外に出た。

「何なんですか」

「先生に対してなんていうことを言うの」

「え？『私のメールが先生に誤解を与えたなら、大変遺憾に思います』って、ちゃんと言ったじゃないですか」

「バッカじゃないの？」

「あ、バッカって……」。トーリを無視して、すずは続けた。

「誤解を与えたなら、っていうのは、自分は正しいことをしたっていう前提がある言い方じゃない。先生が真意を理解せず、間違った解釈をしたってことになるでしょ。君が先生に対して、敬意を持って丁寧なメールを書かなかったから、こういう事態になってるっていうことがわからないの？

　それに『大変遺憾に思います』って何よ。遺憾っていうのは、思っているようにならなくて心残りだ、残念だって意味なの。これだって、自分が思い描いたようにいかなかっただけだっていう言い逃れにしか聞こえない」

「でも、政治家がよく使う便利な台詞じゃないですか」。トーリは納得していない。

「だから、批判を受けることがあるんじゃない。政治家は非を認めないとか、上から目線の物言いだとか。政治の世界では通用することばかもしれない。でもね、それは一般の生活のなかでは通用しないんだよ。しかも、そんな紋切り型のことばをいくつ重ねても、先生の心には響かないよ」

「言われてみれば、確かに妙なことばですね」。トーリの返答に、すずはため息をひとつついた。

「それからもう一つ、お詫びの品を差し上げるときに『くだらないものですが』は、おかしいよ。謙遜して言うのはわかるけど、「くだらない」は、こういう時に使わない。せめて『つまらないものですが』くらい。これも、使い方によっては失礼に当たる。あまりマイナスの要素を出す必要はないと思う。『心ばかりの品ですが』くらいにした方がいいと思う」

「そうかあ。語彙不足なんだよな、僕は」
「語彙の問題だけじゃないよ。ことばを気持ちにどう添わせるかを考えなくては駄目なの」
「へえ、そんなこと考えたこともなかったなあ。先輩は、誰からそういうことを習ったんですか」
「編集長よ。ことばを疑えって。出版はことばを扱う仕事だって、ことばが文を生み、文章を育むって。ことばを使って著者の考え・思想を記録するお手伝いをするのが出版の役目だって。だから、何気なく使っていることばを疑えって。そうしてことばの真意を見極めていかなくては、著者と渡り合えないって」
「へえ、編集長が！それにしては、随分しどろもどろになってましたね」
「編集長は、あれでもすごく繊細なの。だからいつもは、わざと乱暴な口を利いて、豪胆なふりをしてるのよ」
「つくづく昭和な人ですね」

居間から笑い声が漏れている。すずとトーリが席を外している間に、荒巻がうまく取りなしてくれていたのだろう。

「先生、途中席を外し、申し訳ありませんでした」。すずとトーリは席に着いた。

「いやー、先生のご立派な体躯を拝見して、ラグビーの選手だったのかと思って伺ったら、何と学生時代は茶道部だったとか」。荒巻が笑いながら話す。うまく和やかなペースをつくってくれたようだ。

「私もロックのポジションだったのかと思っていました」。すずも話に加わる。

「よく言われるんですよ。何しろ身長189センチ、体重100キロですからね。体力を付けないとと、筋トレを始めたら、結構はまってね。そうしたら、こんなになっちゃったんですよ。でも、大学の部活は茶道部です。わび・さびを勉強しようと思って。でも、作法の方が大変でね」。蟻巣川は、笑いながら話している。

　トーリは、改めてお詫びをするタイミングをはかっていた。

「あ、あのー」

「どうした、徳山」。荒巻が、緊張した面持ちのトーリに声をかけた。

「はい」。トーリは立ち上がった。

「先ほどは、ろくに意味も知らず、安易なことばでお詫びを申し上げました。メールは私の非常識と無知のせいで、先生に大変不快な思いをさせてしまいました。先生のご鞭撻を頂戴しながら、一生懸命努めてまいります。どうぞ、お許しを賜りたく存じます」。そう言って、深々と頭を下げた。

「いやいや、どうぞ、頭を上げてください。荒巻編集長からも、あなたの話を伺いました。悪気のない方だということは、わかりました。どうぞ、お座りください」

「ご理解いただき、ありがとうございます」。トーリの目にはうっすら光るものが見える。

「それにこのお品、お気遣いありがとうございます。さて、ずっしり重いけれど」

「はい、先生が砂糖好きだとお聞きしたので、砂糖の詰め合わせです」

「砂糖?」

「あら、いやだ。徳山君。先生は左党だって言ったのに」

「だから砂糖ですよ」

「違うでしょ。砂糖じゃなくて左党。左に政党の党って書くの」。慌ててすずが説明する。

「左党?」

「左党はお酒好きってこと。編集者なのにそんな単語も知らないなんて。先生、すみません。やっぱり語彙も増やさないと駄目みたい」
「そうだよ。だからもっと勉強しろって言ってるんだ」。追い打ちをかけるように荒巻が言う。
「だから、編集長もその辺にして」

　そのやり取りを聞いていた蟻巣川は、大声で笑い出した。
「わかりました。左党が砂糖に化けるのは、ご愛敬で結構です。みなさんが、それぞれ悪気のないこともわかります。しかしこの調子で一緒に仕事をするとなると、どうでしょうねえ。本を書くというのは、筆者だけでできるものではありません。編集者の力をお借りしないとうまくはいきません。お互い言うべきことは言う、正すべきところは正さなくてはなりません。それには、互いに敬意を持たなくてはならないと思うのです」。蟻巣川は、静かに話した。

　蟻巣川のことばを聞いて、ようやく冷静になった荒巻は言った。「先生、おっしゃる通りでございます。徳山はまだまだ経験も勉強も足りません。ご依頼申し上げたメールについても、多々失礼がございました。そのお詫びに伺いましたものを却ってご不審を持たれるような態度と物言いをし、大変失礼いたしました。重ねてお詫び申し上げます。私も昔気質の人間でございます。ついつい売り言葉に買い言葉、

売られたケンカは迷わず買うタイプで、これまでも失敗に失敗を重ねてまいりました。その反省を生かすことなく、きょうも見苦しいところをお見せしましたこと、汗顔のいたりでございます。部下の不始末は私の責任でございます。私ともども、どうか、先生のご恩情をもって、お許し頂けないでしょうか」

「荒巻編集長のお気持ちはわかりました。しかし……」

「あの、すみませんでした。僕が、あ、いえ、私が悪うございました。私のせいで、蟻巣川先生だけでなく、編集長、先輩にまで迷惑をかけてしまいました。入社して初めて企画が通ったもので、調子に乗っていました。指摘されるまで、メールのどこが悪かったのかもよくわかりませんでした。確かに、諸先輩からあれこれ注意されることが、威圧的だったり威嚇的だったりして……。いえ、これも私が、そう感じていただけかもしれませんが、とにかく上手にコミュニケーションが取れないものなのかな、とずっと考えていました。今回の企画には、そういう意図があります。それで『ほめことば』について、造詣の深い先生にご執筆をお願いしたいと思った次第です」。トーリも殊勝な顔になっている。

「お付き合いすれば、楽しいのかもしれません。しかし、仕事となると、どうだろうなあ。こういうことって最初の印象、特に一緒にやっていけるかどうか、が決め手になると思うのです。僕はそこを大切にしたいと考えているのです」

「先生、私からもお願いいたします。徳山は頼りないし、編集長も緊張したせいか、ちぐはぐなことをしてしまい、申し訳なく思っております。でも、2人とも目標に向かっていく姿は、真面目で手を抜くことをしません。どうか、そこだけは信じていただけないでしょうか」。すずも必死だ。

「先生、よろしくお願いします」。荒巻とトーリの声が、期せずしてそろう。

「そうですか……。荒巻編集長、わかりました。ただし、お聞き願いたいことがあります」

「何でしょうか」

「浅嶋さんにも、加わって頂きたい」

「えっ、それは……」。突然の話に荒巻は、絶句した。

すずが引き取って言う。「蟻巣川先生、編集者が2人というのは、さすがに無理があるように思うのですが」。トーリは、下を向いたまま動かない。

「浅嶋さん、あなたと一緒に本をつくったときは、産みの苦しみはあったものの、それ以外のストレスはほとんどなかった。いい本になるかならないかは、それに関わる人たちの、本への思いです。その要となるのが、編集者です。少なくとも私はそう思っています。そんな思いだけで売れる

かどうかの判断はつきません。でも、やりきったという感覚
が、また一緒に仕事をしたいという次の思いにつながりま
す。私は、そこに本をつくる価値があるのだと思っています」
「先生、とてもありがたいおことばですが、トーリ、いえ
徳山の気持ちもあると思います」。すずが応える。
「徳山、お前はどうだ」。荒巻がトーリに聞く。
「編集長……」。すずは不安げに 2 人を見る。
「どうなんだ、徳山」

「……わかりました。この本は、どうしても完成させたい
です。先輩から教わることも多いと思うので、蟻巣川先
生がそうお望みなら、僕はおことばに従います」
「先生、それでは浅嶋を徳山のサブにつけます。メインは
徳山ということでいかがでしょうか。よろしくお願いいたし
ます」。荒巻は言った。
「みなさん、よくお聞きくださった。浅嶋さんがどういう形
であれ、お手伝いしてくださるのなら、お引き受けします。
よろしくお願いします」
「はい。こちらこそ、お願いいたします」
　3 人は蟻巣川の家を後にした。

帰り道、すずは言った。「編集長、これでよかったんですか?」。

「いいに決まってるじゃないか。トーリ、編集者っていうのはな、いい本をつくるのが第一なんだ。だから著者に気持ちよく筆を執らせてなんぼだ。いいか、そのためならメンツもプライドも捨てろ。頭下げるなんてのは、タダだ。いい本書いてもらいたいなら、いくらでも頭を下げろ」

「ほらまた、そういう乱暴なことを言う。だから、若手がついてこないんだってば。だけどね、トーリ君」。すずは、少し声を抑えて話し始めた。

「編集長の魅力の一つは、軸がぶれないってことなの。いい仕事をするためには自分を捨てて、徹底的に著者に寄り添う。編集者としての矜持(きょうじ)って言えばいいのかな。だから、まず著者の言い分に耳を傾ける。そのうえで、非があれば誠心誠意、謝る。こちらに非がない場合でも、相手が何に対して気分を害しているのかを丁寧にすくい取る。そして相手の気分が落ち着くまで、静かに話を聞くの。編集長は、頭を下げるのはタダだなんて言い方をしたけれど、実は編集長ほど相手の話を受け止めることのできる人は、社内にもそういないんだよ。だから、私を編集者に加えてほしいという蟻巣川先生の申し出(の)も、呑んだ

んだと思う。そうやって精いっぱいの誠意をしっかり伝えたんだよ。トーリ君がそれを受け入れたこともみごとだったと思う」

「浅嶋先輩、僕は大丈夫です。なんか、編集長がかっこよく見えました。ちょっとだけ」

「ちょっとだけって何だ？ 2人でボソボソ何言ってんだ、バーカ。よっしゃ、これで行こう。しっかり見てやってくれよ。浅嶋先輩！」

「先輩、よろしくお願いします」。トーリも頭を下げた。

　なんだかなあ、この2人。案外似たもの同士かもね。すずは、荒巻とトーリの顔を見比べた。

「よし、これから3人で飲みに行くか」。少し先を歩いていた荒巻は、2人を振り返って言った。

「行きませーん」。すずとトーリの声がそろう。

「そこは、行くパターンでしょ」。荒巻はがっくり肩を落とした。

　夏の終わり。大きな日が西に傾いて、3人の顔をオレンジ色に染めていた。

ほめ ACTION 2

謝るときは誠心誠意、心を込めて

トーリの独り言

謝罪をするときには、相手側の情報を整理しておく。

著作を間違えるようなことがあってはいけない。

①

そして、相手側が不審に思った原因をしっかり分析しておくこと。ポイントがずれると、亀裂はさらに大きくなる。

②

「誤解を与えたなら」という言い方は、自分に非がなく、相手側の解釈に問題があると受け取られる可能性もある。

⑤

「遺憾に思う」も、自分の思い通りにならなかったことを残念に思っているという意味に取られかねない。

⑥

緊張しすぎない。緊張は必要だが、気が動転して空回りしたり余計な文言を挟んだりすると、本質の部分を見失うことになる。

③

謝罪は、自らの非を認めて、ことばに気持ちをどう添わせるかを考える。自分のことばで誠心誠意、心を込める。

④

相手にお土産などを渡すときに、「くだらないものですが」は使わない。
「つまらないものですが」も使い方に注意。
「心ばかりの品ですが」などを使うようにしよう。

⑦

いい仕事をするためには、自分を捨てる。
徹底的に相手に寄り添う。

⑧

トーリの自主トレ

　誤りを素直に認めるのは勇気のいるものだ。つい口をついた言い訳が話をこじらせることもある。謝るのは難しい。人に頭を下げるのは、自分のプライドを捨てる覚悟が必要だって、荒巻編集長は言うけれど、そう簡単なことではないだろうな。

　謝罪で使えることばを増やしておくことも必要かな。

① 申し訳ありません

⇒ 申し開きできない
⇒ 重ねてお詫び申し上げます

「申し訳」は「自分の取った行動などについて、相手に理由を説明すること。言い訳」っていう意味なんだ。「申し訳ありません」は「言い訳することはない」ってことで、非を認める言い方だ。

「申し開き」は「自分のした行為について、その正当性や、そうせざるを得なかった理由などについて、述べること」っていう意味。弁明ってことだ。それを「できない」と否定していることになる。弁明できない、言い訳しないっていうことだから、潔いかもしれない。

　失態が続いたときには「重ねて」をつけることがある。情けないことだけど、しっかり謝ろう。

② 今後このようなことがないようにいたします

⇒ 襟(えり)を正す

⇒ 姿勢を正す

⇒ 居住まいを正す

⇒ ご鞭撻(べんたつ)を頂戴しながら努めてまいります

「今後このようなことがないようにします」っていう、決意のようなことを書き添えることがある。「します」を「いたします」とすれば丁寧だけれど、小さなミスと大きなミスで、同じ言い方をするのもどうかと思うよね。

「襟を正す」っていうのは、衣服を整えて姿勢を正しくするってことから、「真面目な気持ちで物事に対処するという態度を示す」ことを言うんだ。たとえば「今後は襟を正して、業務に邁進(まいしん)する所存でございます」なんていう使い方をする。「邁進」は「ひたすら目的に向かって進む」っていう意味だ。

「姿勢を正す」って言い方もある。この場合の「姿勢」は「態度」とか「物事に対する構え」のことだって。「政治の姿勢を正す」なんていう具合に使うらしい。

「居住まいを正す」っていうことばもある。「居住まい」は住むところではなく「座っている姿勢」のこと。

　服装や姿勢、居住まい。これがだらしないと信頼されないっていう感覚は、僕にもわかる。

「ご鞭撻を頂戴しながら」の「鞭」も「撻」もムチっていう意味。ムチで打たれるように厳しい指導・励ましをもらうことを言うんだ。

 3 **お恥ずかしいことです**

⇒ 面目ない
⇒ 汗顔のいたり
⇒ 忸怩たる思い

「お恥ずかしいことです」も時々使うことがあるんだけど、どうも初めてスーツを着たときのように、まだ身の丈にあったことばのように思えない。そのうちにスラッと口をついて出てくるようになるだろうか。

「面目ない」ってことばもこれだけだと、古い言い回しのようにも思える。「面目」は「世間に対する名誉や体面」とか「世間から受ける評価」という意味のほかに「人にあわせる顔」のことを言うんだ。だから「面目ない」は「人にあわせる顔がない」っていうこと。「顔」って文字通りの意味のほかに「評判」「信用」「名誉」っていう意味があるんだって。そういえば「名誉を傷つけられた」ときに「顔をつぶされた」なんて言い方するもんな。「このたびの不祥事、誠に面目ないことでございます」っていう具合に使える。

「汗顔のいたり」の「汗顔」は、冷や汗をかいた顔や赤面のこと。「汗顔のいたり」で、「すっかり恥じ入る」という意味になるんだ。「顔から火が出る」なんていうのも、同じような感覚かな。僕たちのような若い世代が使うのは、ちょっと早いかなっていう気もする。

「忸怩」は「自分の行いについて、心の内で恥じ入ること」だって。そういえば高校のときに、作文に「社会にはびこるいじめについて、忸怩たる思いがする」って書いたら、それは間違った使い方だって先生に注意されたことがある。「忸怩」は自分の行いのふがいなさを言うことばで、自分以外には使わないんだって。知ったかぶりして中途半端に使うと、それこそ失敗するってことだね。

④ 大変失礼しました

⇒ 不徳のいたすところ
⇒ 至らぬばかりに
⇒ 失態を演じる

　失敗したときに使う「大変失礼しました」と「申し訳ありません」は、定番のことば。でも、これに代わるものを探すと、やっぱり使う側の格みたいなものがないと、かえってことばが浮いてしまうような気がする。

「徳がない」から「不徳」。いまの社会で、20歳代の僕らが自分の失敗について「不徳のいたすところです」って言っても、相手から「そりゃそうでしょ」って返されそうだ。「至らぬばかりに」も、ちゃんと気配りや仕事の手配がしっかりしている人が、きちんと責任を取るっていう感じがする。「私の管理が至らぬばかりに、大変なご迷惑をおかけし……」みたいな使い方。

「失態」は「人の笑いものになるような失敗をすること」「体面を失うこと」だって。今度使ってみようかな。「失態を演じたばかりに編集長には大変ご迷惑をおかけしました」みたいな。編集長は「生意気言ってるんじゃない」って、言うだろうな。

きょうは、マジ文出版の荒巻亨編集長にお話を伺います。

Q：お聞きしましたよ。

A：何のこと?

Q：蟻巣川先生へのお詫びが、とても潔かったと。

A：ああ、そのこと。ビックリした。また居酒屋での騒動かと思った。

Q：え? 居酒屋で何かあったんですか?

A：いいの、いいの。で、潔かったって、どこが。

Q：部下の不始末は私の責任だ、って。そして蟻巣川先生から、浅嶋さんを編集者に加えるようにと言われた条件を呑んだうえで、徳山さんをメインの編集者から外さなかったとか。

A：いやー、大した話じゃないよ。責任を取るのは上司の役

目だよ。何日風呂に入らなくても、首だけはいつもきれいに洗ってるんだ。

Q：えーっ!

A：だから、たとえだってば。風呂は毎日入ってるから。それに、最近は出版もなかなか厳しくて、若い編集者を育てる時間もゆとりも持てなくなってきている。新入社員を採用しないで、即戦力の中途採用だけに絞っている出版社もあるくらいだから。トーリも大変なんだよ、我々の時代とは違ってさ。だから、責任だけは取ってやらないとなあ。浅嶋を指定した先生もその辺のところを考えて、あえてそうおっしゃったのかもしれない。むしろ先生には感謝しているくらいさ。

Q：入社して8カ月、企画が通らなかったことも、関係しているのですか?

A：トーリは器用じゃないからな。優秀だけどまだまだ視野が狭いし、勉強も足りない。編集者はもっと遊ばないといけないんだ。学生時代に熱狂したものが一つでも二つでもあればいいんだけど、最近の新卒はそういう熱がない。でも、あいつは熱しかない。本好きの編集バカになる要素はあるんだ。だから、あえて時間をかけたんだな。

Q：そういえば、桃李と亨は、音が似てますね。トーリと
トール。いいコンビになりそうです。

A：冗談じゃないよ。ご免被るよ、そんなの。

Q：いま、ちょっと笑いましたね。

A：バカ言っちゃいけない。笑ってないから。

Q：そうですか？ マジ文出版の前身の出版社は、一度傾き
かけたとか。

A：そうなんだ。浅嶋がいたOB2商事の会長が、救ってくだ
さった。浅嶋を送り込んでくれたし。俺なんかそのときク
ビになってもおかしくなかったんだ。本を出せば売れる時
代の経験が、改革を鈍らせたんだ。

Q：どういう風に？

A：まあ、俺たちの時代は作家を抱え込んで、とにかく作家
の自由にさせた。取材旅行も青天井、何カ月も海外に行って
たことだってある。飲み食いも会社持ち。ろくな原稿じゃな
くても作家を離したくないから「玉稿、ありがとうございま
す」なんて言ってな。創作能力を失った作家も大切に扱っ
た。

Q：振り回されっぱなしだったってことですか？

A：うんにゃ、俺たちもそれを楽しんでたんだ。年に5本も本を出しゃ、仕事してる感じになってたしな。いまじゃ2カ月に3本だよ。そんなペースで本を出してもいいものができるとは思わないんだよな。じっくり編集する時間が取れないんだ。

Q：昔は、作家にとことん寄り添うことができたってことですか？

A：寄り添うか。それがどういうことなのかは、よくわからない。でも、ほとんど先生方に合わせて生活していたからな。俺たちが若手だったころは、飲み屋のつけや恋愛のトラブルも全部こっちで処理した。先生の名前は出せないけどね。だから、人様に頭を下げること、謝るなんて、屁でもなかった。いまは、そういう先生はいないから、いい時代になったってことさ。

Q：でも、勢いがあった感じですね。

A：俺たち編集者は、面白かったんだと思うよ。家族はたまったもんじゃなかったろうけどね。ほとんど家に帰ってないんだから。

Q：そんな夢は、ずっとは続かなかったっていうことでしょうか。

A：本を出す面白さは、いまも変わらない。ただ、そのやり方が変わったってことさ。そこを読み違えていたんだろうな。

Q：そこに送り込まれてきた浅嶋さんはいかがですか?

A：ああ、彼女はすごいよ。もともと文章が書けなかったって言ってたけど、浅嶋が著者の原稿に手を入れると、格段によくなるんだ。しかも著者の言い回しやニュアンスはそのまま残してね。それに、みごとな「人たらし」。うまーくだましてくれる。それにのせられて、著者が気持ちよく筆を走らせることができる。ありゃ、名編集者だよ。

Q：著者に気持ちよく筆を走らせるためのコツはあるんですか?

A：こればっかりは、うまく説明できないな。浅嶋を見ていると、常に進行を頭にいれながら、著者の希望を最大限聞き入れる工夫ができる。デザイナー、印刷、営業、広報、取次、書店とのコミュニケーションがしっかり取れてるんだろうな。それだけじゃなくて、社内に飲み物をサービスしてくれるパントリーさんがいるんだけど、その人たちとも上手く付き合える。パントリーさんたちは、みんな自分の娘のように接してるから。

Q：そうですね。私も浅嶋さんを見ていると、気持ちが晴れやかになりますから。浅嶋さんが、編集長は軸がぶれない。とことん著者に寄り添う。そこが魅力だって話していましたよ。

A：えー、やめろよ〜。そういう歯の浮くようなヨイショは。それほどでもないって〜。

めちゃくちゃ、喜んでる〜。
ということで、荒巻編集長でした。

理屈だけで攻めても
納得は得られない

　徳山桃李は腹を立てていた。小峠産業大学の蟻巣川大悟教授に依頼した原稿がなかなか届かないのだ。3回ほどメールを入れたのだが、返事が来たのは最初の1回だけ。それ以降、連絡がない。

　「何なんだ、あの先生。人には信頼関係がとか何とか言ってたのに、自分は返事一つよこさないし。せめて進捗状況を知らせてきてもいいじゃないか。まったくどうなってるんだ……」。冷静にならなくては、とは思うのだが、考えれば考えるほど怒りは増幅していく。徳山は、打ち合わせに使う喫茶店で、浅嶋すずにグチをこぼすのだった。

　「蟻巣川先生、まったく原稿を送ってこないんですよ。督促のメールを3回、出したんですけど、返事は1回きりで……」

　「先生は、何て？」

　「ちょっと立て込んでるからって。言いたくはないですけど、仕事をなめてるんじゃないですかね」。トーリはストローを口にくわえたまま、口を尖らす。

「先生はきっちり仕事をする方よ。ご一緒したときは原稿が遅れても 2、3 日程度だった。なめてるなんて、それは失礼よ。でも、何かあったのかしらねえ。ほらほら、トーリ君、ストローの先からアイスコーヒーが垂れてるよ」

「あ、すみません……」。トーリは、ため息をついた。

「何、ため息ついてるの、こんなことで。しっかりしなさいよ」

「でも、お詫びに伺ったときに、信頼関係が大事だって言ってたじゃないですか。それなのに、これってないでしょ。先生の言うこともわかるけど、信頼うんぬんを言うなら締め切りは守ってほしいし、遅れるときはせめて、状況を連絡してもらいたいですよ。謝罪に行った後も、改めて謝罪とお礼の手紙を書いたじゃないですか。そのときは先生からもすぐ返事を頂戴したでしょ。僕も一生懸命やってるのになあ」

「確かにそうねえ。先生、どうなさったのかしら。ところでトーリ君、先生にどんな督促メールを出したの?」

「やだなあ先輩、一度したミスは繰り返しませんよ。な、なんですか。その疑いの眼は。まったく〜」。トーリは、パソコンを開いてメールを見せた。

小峰産業大学社会情報科学部教授
蟻巣川大悟先生

　マジ文出版の徳山桃李でございます。過日は、私どもの失礼をお許しくださり、誠にありがとうございました。一層精進して参りますので、引き続きよろしくお願い申し上げます。

　さて、あれから３カ月ほどが経ち、２日前にお約束の原稿の締め切り日が過ぎました。まだ原稿をお送りいただいておりません。いかがなさいましたでしょうか。

　お約束の日に原稿を頂戴できないと、進行の大きな妨げとなります。デザイナーも先生の原稿を元にデザインを考えます。全体の分量調整や構成の見直しなどもしなくてはなりません。売り出し方や広告戦略など、営業との折衝もあります。先生から原稿が届かない限りこうした手続きすべてが止まったまま動き出すことができません。

　どうか、迅速に原稿をお書き上げのうえ、速やかにお送りくださいますようお願いいたします。

　　　　　　　　　　　（後略）

「これを送ったの？」

「そうですよ。特に問題ないでしょ。ちゃんと論理的に書いたつもりですけど」

「3回メールを出したって言ってたけど、毎回こんな調子？」。すずは、少しあきれ顔で言った。

「何か問題あるかなあ」

「トーリ君、確かに文面に書かれていることは、こちら側の理屈としては通っていると思う。原稿が遅れれば、進行に大きな影響が出るからね」

「でしょ」

「でもね、原稿が来なければ、いくらジタバタしても本はできない。著者を追い詰めてどうするの。こういうメールは、極力出すべきではない。理屈だけじゃ人は動かないよ。メールにしろ文章にしろ、それを読む人は書かれたことの情報だけを論理的に読み取っているわけじゃない。行間から書いた人の感情を読み取るものなんだよ。このメールにはトーリ君のイライラが出てしまっている。これじゃ、

先生は責められていると感じるんじゃないかな」

　トーリは、それのどこが悪いんだろうという顔で、すずを見て言った。「それは、先生に後ろめたさがあるからでしょ。僕は、約束を守ってもらわないと、制作進行が遅れると言っているだけですよ」

「そこが問題なの。トーリ君の言いたいことは、私にはわかるよ。書籍制作の現場を知っているからね。原稿が遅れれば、多くの人に影響を及ぼすってことが。でも、人は感情に左右されることが多い。たとえ正しいことを言われていても、言い方やことばの選び方で、『この人、どういう意味で言ってるんだろう』とか『どうしてこういう言い方をするんだろう』と思うことがあるでしょ。会話なら表情や身ぶり手ぶりがつくから、受け取る情報も多い。でも、文章は書かれていることだけで判断しなくちゃいけない」

「だから、論理的に書かなくちゃいけないんじゃないですか。先輩の言っている意味がわからないなあ」。トーリはストローを振り回して、反論する。

「ほら、コーヒーが飛ぶってば。論理的に書くということと、

感情に訴えるということは矛盾しないんだよ。感情的に書けと言っているわけじゃないんだから。論が勝ちすぎると、視線が上からになりがちなの。ほら、この前も話したじゃない。徹底的に著者に寄り添うって」。すずはトーリを落ち着かせようと、少し声を低めにして、ゆっくり話すようにした。

「でも悪いのは先生でしょ」

「悪いとか悪くないとかの物差しで考えないようにしなくちゃ。そういう意識がメールに出てしまっているのが問題なの」。すずのことばにかぶせるようにトーリは言う。

「でも、先生のわがままを野放しにはできませんよ」

「寄り添うことと、わがまま放題にさせることとは違うよ。だって、原稿の締め切りの2日後でしょ、このメールを出したのは。トーリ君だって、パツパツのスケジュールで進行しているわけじゃなくて、ある程度ゆとりを持ってるでしょ。それなのに『2日前にお約束の原稿の締め切り日が過ぎました。まだ、原稿をお送りいただいておりません』なんて、いきなり先生を責めるような書きぶりはよくないよ。それじゃ、相手が心を開いてくれない」

「でも事実ですよ。なんか、面倒くさいなあ」

「トーリ君、編集者が面倒くさいなんて言ってたら、誰が取りまとめるの。出版に限らず、どんな仕事でも、取りまとめる作業はとても重要だし、大変なんだよ。

私もマジ文出版に来る前は、食品流通の仕事をしていたけれど、生産現場や輸入業者、店舗などの調整をしくちゃならなかった。もちろん私1人でできる仕事じゃなくて、チーム作業なんだけどね。それぞれの言い分はそれぞれの立場からすれば、至極まっとうなことなの。だって、それぞれの世界で築いたやり方や方法論があって、それを崩すのはとても苦痛なことなんだよ。だけど、みなさんに少しずつ無理をお願いして、ピースを合わせなくちゃいけない。

どんな仕事であっても、相手の立場を尊重しつつ妥協点を見つけていく作業はみんな同じなんだよ。それを面倒だなんて言ってたら、何もできないよ。相手を批判するのは簡単。でもまずは、それぞれの立場や意見をグッと受け入れないと。批判からは何も生み出せないよ」。すずの迫力に気おされたトーリは、さすがに返すことばを失った。
「じゃ、先輩だったら、こういうときはどうするんですか？」
「締め切りから 2、3 日待っても原稿が届かなかったら、まず近況を聞いてみるな。①書き出し ②要件 ③結び、の順で見ていくね」

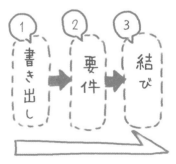

すずによる解説

①書き出し

トーリの原文

マジ文出版の徳山桃李でございます。過日は、私どもの失礼をお許しくださり、誠にありがとうございました。一層精進して参りますので、引き続きよろしくお願い申し上げます。

　この部分は、トーリ君の気持ちだから、こういう書き出しでもいいと思う。ただ、そこはいったん収まったことだし、謝罪の後にすぐ手紙も書いて先生からも返事をいただいたんでしょ。だったら、最後に置いてもいいんじゃないかな。近況を聞くようにするなら、簡単に時候のあいさつを入れておくと、和むんじゃないかな。

　締め切りが遅れているのだから、先生が体調を崩しているかもしれないし、何か急ぎの出来事があったのかもしれない。先生だって、トーリ君の原稿だけに時間を使っているわけじゃないんだから。そこへの気遣いができると、メール全体のトーンが変わるはず。原稿も大事だけれど、先生に対する思いの方がもっと大切なんだよ。

②要件

トーリの原文

さて、あれから3カ月ほどが経ち、2日前にお約束の原稿の締め切り日が過ぎました。まだ原稿をお送りいただいておりません。いかがなさいましたでしょうか。

「あれから3カ月ほどが経ち、2日前にお約束の原稿の締め切り日が過ぎました」は、確かにトーリ君の言うように事実だよ。でもね、それを一番わかっているのは著者なの。締め切りを意識して書いているのは、誰よりも著者なんだよ。そこに間に合わせようと必死に知恵を絞るのが著者なんだよ。それを期待して原稿を依頼しているんでしょ、私たち編集者は。どんな世界だってそうなんだよ。それがプロなんだから。

だから、「まだ、原稿をお送りいただいておりません。いかがなさいましたでしょうか」は、著者にとって一番心が折れる書き方になっているはずだよ。「いかがなさったか」は、誰よりもわかっているんだから。

トーリの原文

　お約束の日に原稿を頂戴できないと、進行の大きな妨げとなります。デザイナーも先生の原稿を元にデザインを考えます。全体の分量調整や構成の見直しなどもしなくてはなりません。売り出し方や広告戦略など、営業との折衝もあります。先生から原稿が届かない限りこうした手続きすべてが止まったまま動き出すことができません。

　「進行の妨げになる」「見直しなどもしなくてはなりません」「折衝もあります」「先生から原稿が届かない限りこうした手続きが止まったまま」って書いてあるけれど、ここはトーリ君の都合だけに終始してるでしょ。

　デザイナー、営業なんていう関係者を引き合いに出しながら、その実、自分が組んだスケジュールを優先させているだけなんだよ。違う?

　これは、一見論理的にものを言っているようだけれど、読み手にしてみれば、相当、感情的な文章になっているんだよ。それは、相手の気持ちよりも自分の都合で書かれているからなの。

③ 結び

トーリ君の原文

　どうか、迅速に原稿をお書き上げのうえ、速やかに
お送りくださいますようお願いいたします。

　最後の一文の中に「迅速に」「速やかに」という督促のこ
とばを重ねて書いているでしょ。これは体のいい脅しだよ。
著者がこれを受け取ったら、ただ、追い込まれただけのよう
に思うんじゃないかな。

　それじゃ、しっかり著者に寄り添ったことにならないじゃな
い。編集長が「いい本をつくるためにはメンツもプライドも
捨てろ」って言ったのは、徹底的に寄り添う覚悟を言ってい
るんだよ。

　客観的に書くっていうことは、読み手の気持ちになって書
くことでもあるんだよ。何度も言うけど、論理的に書くとい
うことと、感情に訴えるということは矛盾していないんだよ。
トーリ君のメールは、感情論を感情論として見せないよう
に、自分の都合のいい論理をまぶしているように思える。

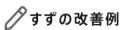

すずの改善例

　マジ文出版の徳山桃李でございます。

　吹く風が肌を刺す季節になってまいりました。その後、蟻巣川先生におかれましては、お変わりございませんでしょうか。

　ご多用のなか、ご無理をお願いしております。執筆の進み具合はいかがでしょうか。

　そろそろ装丁やページレイアウトなどについても先生のご意見をお伺いできれば、と思っております。装丁などをお願いするデザイナーには、著書の内容を粗々話しておりますが、実際に先生のお書きになったものに目を通せば、イメージが膨らむことと存じます。

　玉稿を楽しみにお待ちしております。途中段階でも結構ですので、区切りのいいところで一度、原稿を拝見したいと思っております。もし、不都合などがございましたら、何なりとご連絡ください。

　風邪がはやっております。どうぞ、くれぐれもご自愛くださいませ。

　また、過日は私どもの失態をお許しくださり、誠にありがとうございました。末筆ながら、改めてお礼申し上げます。一層精進して参りますので、引き続きご指導くださいますようお願い申し上げます。

先生も督促メールだなって思っているはず。だからこの場合は、書き出しにごく短い時候のあいさつを入れておくと、安心なさるでしょ。「ご多用のなか、ご無理をお願いしております」で、忙しいなか執筆してくださっていることをねぎらう。その後に進捗状況を伺ってから本題に入ればいい。

　そのときも、原稿が来ないと進行が遅れるっていう書き方じゃなくて、装丁やページレイアウトについて、やんわりと先生の意見を聞きたいという内容にすれば、出版社側の期待感も伝わると思う。社外のデザイナーに依頼する場合も同様なので、著者とデザイナーの考えをすり合わせておくことは重要だと思う。営業や広報・宣伝の話も重要だけれど、これは社内の問題なので、そのスケジュールはトーリ君が調整すべきで著者に言う必要はないの。もちろん、本が完成段階に来たときに、どういう売り方をしたらいいかなどの話は共有すべきかもしれないけれど、基本的に本を宣伝したり売ったりするのは、私たちの問題。著者にはいいコンテンツを提供してもらうことが一番だからね。

　そして、著者には原稿を楽しみにしていること、進捗状況を知りたいことを伝える。もしかしたら、方向性に困ったり悩んだりして筆が進まないこともあるかもしれない。「不都合があれば、何なりとご連絡ください」と一言伝えておけば、お互いが安心できるでしょ。

　最後に、前回のお礼を改めて伝える。私がこの部分を最後に置いたのは、さっきも言ったけど、謝罪も済んでお互いが納得して3カ月経ったからなの。先生への感謝の気持ちは忘れずに、しかし前に進めなくてはならない。原稿の進捗状況を把握するという私たちの目的は、外さないようにしておきたいと思うの。目的は目的として筋を通すことは大切だよ。でも、それだけを前面に出してしまうと、私たちの都合だけを押しつける形になるので、うまくコミュニケーションが取れない。

　もっとも、謝罪の後に直接お会いしたときは、最初に「過日は、失礼をお許しくださり、ありがとうございました」と伝えるのが、あいさつとして必要だと思うけれど。今回は、ビジネスメールなので、こういう形でもいいと思う。

「こんな具合でどうかな」
「先輩、このメール、緩くないですか？ 風邪がはやってる、なんて書いたら、それこそ言い訳に使われちゃいますよ」
「それならそれでいいじゃない。一つくらい逃げ場もつくっておかないと。責められてるって思ったら、ますます腰が引けてしまうでしょ。それに、予期せぬ出来事はどんな場合にもつきものだもの」
「わかりました。改めてメールを出してみます」。ズズーッとストローでアイスコーヒーをすすると、トーリはその場でメールを打ち始めた。

小峠産業大学社会情報科学部教授
蟻巣川大悟先生

　マジ文出版の徳山桃李でございます。重ね重ね催
促のメールを差し上げ、申し訳ありませんでした。
このところ急に寒さが増してきたので、体調を崩され
たのではないかと、浅嶋ともども心配しております。
　ご懸念などございましたら、遠慮なくお知らせくだ
さい。

マジ文出版編集部 徳山桃李

「先輩、こんな感じでどうですか。催促めいた文章にはせ
ず、ご機嫌伺いにとどめました。先輩をダシに使わせても
らいました」。トーリはすずにメールの文案を見せた。
「3 回も督促した後だから、これでいいんじゃない？」
「ありがとうございます」。トーリは送信ボタンを押した。

　それから、3 時間ほどして蟻巣川からトーリのところに
電話が入った。

「もしもし徳山さん、申し訳ない。何度かメールをいただいていたにもかかわらず、返信できませんでした。実は、ぎっくり腰になってねえ。1週間ほど、身動きが取れなかったんだ。昨日あたりから痛みが引いてきたんだけれど、まだ椅子に座るのがきつくてね。原稿が遅れそうなんだ。ご迷惑をおかけするが、もう少し時間を頂戴できないかな」

「そうだったんですか。こちらこそ、せかすようなメールを差し上げ、申し訳ありませんでした。取りあえず、あと1週間ほどご養生なさってください。そのときの様子で、また判断させていただきたいと思います」
「徳山さん、ありがとう。おことばに甘えてそうさせてもらいます。今回は、ご迷惑をおかけして申し訳ありませんでした。では、1週間後に連絡を入れます」
「承知いたしました」

　あれ、ぎっくり腰だったのか。僕も2年前にやったんだよな。それじゃ無理だなあ、痛くて机に向かうなんて。しばらく、原稿は書けないな。トーリは進行の見直しをするこ

とにした。

「先輩、蟻巣川先生はぎっくり腰だったそうです。ラグビー選手のようながたいでもぎっくり腰になるんですね」

「あらら、そうなの? 大変じゃない。それにしても筋骨隆々の先生がぎっくり腰とはねえ」

「ホント、そうですねえ」

「筋トレ始めてから、肩凝りも腰痛もなくなったっておっしゃってたのに」

「先輩はこの前『予期せぬ出来事』があるかもしれないって言ってましたけど、ここまで読んでたんですか?」

「この季節だから、インフルエンザにかかっているかもしれないじゃない。ぎっくり腰とは思わなかったなあ」

「そうそう、大変ですよ。先生の状態にもよるでしょうが、1カ月以上の進行遅れを見込んだ方がよさそうです」

「大変なのは先生ね。進行は1、2カ月遅れても何とかなるでしょ。年度内に発売できればOKだよ。編集長に確認を取ってくる。トーリ君は、デザイナーさんと印刷所に連絡し

ておいてね。先生がぎっくり腰......」。そう言って、すずは
席を立って、大きく 3 回深呼吸した。

　しかし、とトーリは思った。浅嶋先輩は、予期せぬ出来事
まで見据えているのか。蟻巣川先生は、インフルエンザ
じゃなかったけれど、ぎっくり腰だったからなあ。

「行間から感情を読み取る」なんて言ってたけれど、腹を
立てながら書いたメールは、冷静に論理的に書いたつも
りでも、とげとげしくなるもんなんだ。「論理じゃ人は動か
ない」とか「論理的に書くということと、感情に訴えると
いうことは矛盾していない」とか、先輩はいつこんなこと
を考えたんだろう。「相手を批判するのは簡単。でもまずは、
それぞれの立場や意見をグッと受け入れないと。批判から
は何も生み出せない」とも言ってたな。そして「面倒くさい」
は禁句だな。まだまだ、小さいなあ、俺。

　あ、また編集長が何か言ってくるかもしれない。グッと
受け入れる......ここは難しい。

ほめ ACTION 3

理屈だけで攻めても納得は得られない

トーリの独り言

メールは論理的に書くべきだ。しかし、理屈だけじゃ人は動かない。

①

読み手は、行間から書き手の感情を読み取る。冷静に書いたつもりでも、感情は文面ににじみ出てしまう。

②

少しずつ無理をお願いしてピースを合わせるようにする。相手の立場を尊重しつつ妥協点を見つける。

⑤

批判するのは簡単。でも、批判からは何も生み出せない。

⑥

論理的に書くことと感情に訴えることは、矛盾しない。感情的に書くこととは異なる。

③

取りまとめる作業はとても重要。「面倒くさい」は禁句。それぞれの言い分は、その立場からすれば至極まっとうなこと。

④

感情論を感情論として見せないために、自分に都合のいい論理をまぶさない。

⑦

常に「予期せぬ出来事」が起こることを意識して、スケジュールを確認しておく。

⑧

トーリの自主トレ

　時候のあいさつって、意外と難しい。先輩が言うように、自分が感じたことばで表現できればいいなと思って、僕も時候のあいさつを書き出してみた。ついでに手紙でも使えるようなものも調べてみた。堅苦しいものもあるけど、知らない表現もあったので、結構、勉強になったよ。

① 時候のあいさつ 春編

春の日差しが柔らかく降りそそぐ季節になりました。
⇒春光うららかな季節となりました。

　3月の春めいた季節だとこんな言い方もいいかな。「春の日差し」を「春光」、「柔らかく降りそそぐ」を「うららかな」なんて風にすると、大人っぽい感じになるかもしれない。

桜が満開の季節となりました。
⇒桜花爛漫（らんまん）の候
⇒春爛漫の候

　春と言えば、桜の季節。「爛漫」って、花が咲き乱れるさまをいうことばなんだって。だから「桜花爛漫」。桜花は「おうか」って読むんだ。春は、花が一斉に開く季節でもあるから「春爛漫」っていうのも、季節感が出ているよね。

穏やかで明るい春の季節となりました。
⇒春和景明の候

わあ、これは難しい。「春和景明」は、「春が穏やかで、光の明るいようす」のことをさすことば。「春和」は、春のやわらいだようすのこと。「景」は風景のことではなくて、日差しとか日光のこと。「春和景明」は、「春は和らぎ景は明らかなり」って読むんだ。中国・北宋時代の文官だった范仲淹（はんちゅうえん）が書いた「岳陽楼記」（がくようろうき）のなかに出てくるんだって。范仲淹は「天下の憂いに先んじて憂い、天下の楽しみにおくれて楽しむ」なんてことも言ってる。ちょっと、かっこよくない？

木々の緑がまぶしい季節となりました。
⇒新緑の候
⇒薫風さわやかな季節

「新緑」とか「薫風さわやか」っていうのは、そんなに難しくないので、使いやすいかもしれない。「薫風」は「初夏の、若葉の香りを漂わせて吹いてくるさわやかな南風」のことだって。梅雨に入る前のいい季節だよね。

ヒナゲシが咲き乱れる季節となりました。
⇒麗春の候（れいしゅん）

「麗春」はヒナゲシのこと。虞美人草（ぐびじんそう）とかポピーって言った方が、僕たちにはピンとくるよね。とはいうものの、ヒナゲシで春の季節を感じることも少なくなったよね。「麗し（うるわ）

い春」という字の並びは、それがヒナゲシのことだって知らなくても雰囲気は伝わるかもしれない。ちょっと背伸びをした感じにはなるけどね。

　太陰太陽暦に二十四節気っていうのがあって、日本の季節を表すのに使われることがある。伝統的なことばだけど、例えば「立春の候」なんていう具合に使うのも、場合によってはいいかもしれない。太陽暦での季節とはずれることもあるけど、伝統的なことばと季節感を知っておくのも悪くないな。季節ごとに書き出しておくことにしよう。丸括弧の月日は現在の太陽暦での大まかな日付。

　春の二十四節気：立春（2月4日）、雨水（2月19日）、啓蟄（3月6日）、春分（3月21日）、清明（4月5日）、穀雨（4月20日）

② 時候のあいさつ 夏編

梅雨が明け、差す光もまぶしさを増しております。
⇒梅雨が明け、夏本番を迎えました。

「夏本番」っていうストレートな言い方を使うのも、悪くない。

> **じっとしていても、汗が噴き出す季節になりました。**
> ⇒盛夏のみぎり
> ⇒大暑の候

「汗が噴き出す」なんて書くと、ちょっと生々しい感じがするかもしれないな。「盛夏」っていうことばもあるね。「大暑」は二十四節気の一つだ。「みぎり」っていうのは「とき」「ころ」「おり」っていう意味。「盛夏のみぎり」は「盛夏のころ」「盛夏のおり」っていうことだね。

> **夏の暑さも一段落してきたようです。**
> ⇒季夏のみぎり
> ⇒立秋を過ぎても暑い日が続いております。

「季夏」って「夏の季節」のことかと思ったら、「夏の終わり」「晩夏」のことをいうことばだった。知らなかったなあ。もう一つ注意しなくてはいけないのが、夏なのに「立秋」っていうことばを使うこと。8月8日ころが二十四節気でいう秋の始まりだから、この後に暑中見舞いを出すのはNG。残暑見舞いだからね。

「夏のお疲れが出る時期ではありますが、お元気にお過ごしのことと存じます」なんていうのは、どうかな。初めてのメールや手紙だと、体調のことを言うのもかえって失礼になるかもしれない。ある程度親しい関係なら、夏バテに気を配る書き方もありだと思う。

105

夏の二十四節気：立夏 (5 月 6 日)、小満 (5 月 21 日)、
芒種(6 月 6 日)、夏至 (6 月 22 日)、小暑 (7 月 8 日)、
大暑 (7 月 23 日)

③ 時候のあいさつ 秋編

澄んだ空に吹く風がさわやかな季節になりました。
⇒初秋を迎え、さわやかな季節となりました。
⇒爽秋の候

　秋は夏の終わりから冬の入り口までと、気候の変化が激
しい。時候のあいさつも難しいような気がする。さわやか
というイメージは大切かもしれないな。

すっかり木々も色づいてまいりました。
⇒鮮やかな紅葉に彩られる季節となりました。

　紅葉の季節なので、その変化も時候のあいさつに織り込
めるといいかもしれない。初秋、仲秋、晩秋とそれぞれで
変化があるものね。これは日本独特の季節感だから、大切
にしたいと思う。

秋も深まってまいりました。
⇒秋も深まる寒露の候

　こんなところに、「寒露」っていう二十四節気を織り交ぜ
る。ちょっと、わかってる大人の感じが出るかもしれない。

「秋が深まる」だけでなく、そこにプラスアルファの字句を添えてみるのも悪くない。

　秋の二十四節気：立秋 (8 月 8 日)、処暑 (8 月 24 日)、白露 (9 月 8 日)、秋分 (9 月 23 日)、寒露 (10 月 9 日)、霜降 (10 月 24 日)

④　時候のあいさつ 冬編

寒さが身にしみる季節になりました。
⇒寒さが身にしみる冬隣（ふゆどなり）

「冬隣」っていうことばがあるんだ。冬がすぐそこまで来たことを感じさせるような晩秋のたたずまいのことだって。「季節」を「冬隣」に置き換えるだけで、ちょっと背筋が伸びた感じがする。

木立の葉も寒風にさらされ、心もとなく見えます。
⇒残菊の候

　秋から冬は、寂しいイメージなので「落ちる」とか「心もとなく」なんてことばを使いがちになる。でも場合によっては、そういうマイナスのイメージを持つことばがそぐわない場合もあるから、注意が必要だ。
　その点「残菊の候」は、うまいよね。代表的な秋の花である菊をうまく取り込んだことばだと思うな。もっとも、いま

では菊を家庭で育てることも少なくなってきたかもね。うちは祖父が庭に大輪の菊を育てていたから、感覚的によくわかるけど。

> **寒さに向かうなか、ほっと日差しに和む今日この頃です。**
> **⇒小春日和に喜びを感じる向寒のみぎり**

冬に、ほっとするような穏やかな気候を「小春日和」って言うんだ。これは夏の暑さが緩んだときや秋を指すことばではない。「冬」に使うっていうのがミソ。ここを間違えて使うと常識がないと言われる恐れありだね。

「向寒」なんてことばも、字を見ればわかるけど、普段なかなか使わないもんなあ。ある程度使い慣れておかないと、かえって不自然になるかもしれないな。

> **師走になりました。お忙しいことと存じます。**
> **⇒師走を迎え、ますますご多忙のことと存じます。**

師走は何かと慌ただしい。「師走になりました」っていうのも、直截的すぎるかな。「〜 を迎え」なんて、ちょっと奥ゆかしい感じがする。

「お忙しいことと存じます」は、結構使うことがあるけど、師走に限らない。「ますますご多忙」とすれば、「いつにも増して」という感じが出てくる。

> **クリスマスを控え、心浮き立つ季節となりました。**
> **⇒クリスマスのイルミネーションが木々を彩る季節となりました。**

　これは、あまり大きな違いはないかな。でも「クリスマスを控え、心浮き立つ」って言うと、お祭り気分が前面に出すぎて、浮ついた感じに思われるかもしれない。「イルミネーションが木々を彩る」という方が、落ち着いているかも。

初春（よろこ）のお慶びを申し上げます。
⇒初春の候
⇒頌春（しょうしゅん）の候
⇒淑気（しゅくき）あふれる初春

　「初春のお慶びを申し上げます」だと、年賀状になってしまう。年賀状をやり取りしていれば、あえてメールに書く必要はないしね。「初春の候」とすれば、まあいいかな。「頌春」は新年をたたえること。これを「こうしゅん」って読まないように。「淑気」っていうのは、新春に周囲に満ちている瑞祥（ずいしょう）の気のこと。瑞祥っていうのは、めでたいしるし。吉兆のことだ。縁起のいいことばだね。

　こうした時候のあいさつは、松の内を過ぎたら使ってはいけない。松の内はその地方によって違うかもしれないけれど、大体元日から7日、あるいは15日までだと思う。

　それを過ぎて立春の前日までなら、

⇒寒中見舞い申し上げます。

　って具合に「寒中見舞い」になるから、要注意。立春は2月4日だ。そこからは暦では春になる。体感と暦がずれるのは、夏だけじゃないんだ。

> 冬の寒さが募り、春の訪れが待ち遠しい季節です。
> ⇒大寒の候
> ⇒厳しい寒さのなか、寒椿が凜と咲いております。

　二十四節気の「大寒」をうまく使うと、晩冬のイメージが伝わるかもしれない。あとは、冬の季語でもある寒椿とか寒桜などの花に季節感を託す方法もある。福寿草は冬の花だけれど、春を想起させる。新年の季語でもあるんだ。寒い季節を表現するのに「凜とした」ということばを使うのもいいね。

⇒凜とした寒さのなか、風花がキラキラ舞っております。

　「風花」は晴天にちらつく小さな雪片のこと。「凜とした」というイメージに合うことばだ。

　冬の二十四節気：立冬 (11月8日)、小雪 (11月23日)、大雪 (12月8日)、冬至 (12月22日)、小寒 (1月6日)、大寒 (1月20日)

INTERVIEW
インタビュー

きょう、お越しいただいたのは小峠産業大学社会情報科学部の蟻巣川大悟先生です。

Q：ぎっくり腰とお聞きしましたので、きょうのインタビューは無理かと思っておりました。

A：こちらこそ。家までご足労願い、申し訳ありません。

Q：とんでもないことです。どうぞ、ご無理のない範囲でお願いいたします。途中、おつらいようでしたら、ご遠慮なくおっしゃってください。

A：ああ、ありがとう。

Q：蟻巣川先生、失礼ながらお伺いするのですが、大きいですねえ。ラグビーでも?

A：やはり、そこからですか(笑)。189センチ、100キロですからね。よくそう聞かれます。でも、ラグビーも柔道もレスリングもしていないんです。

Q：そうなんですか? でも筋骨隆々、首も太いし。

A：運動は、まったく駄目なんですよ。この体なのに、そこがコンプレックスでね。あるとき、スポーツ学の先生が教えてくれたんですよ。筋トレに運動神経はいらない、愚直にウエイトを上げればいいのだと。専門的に筋肉を付けるには、やはり運動神経のようなものはいるのかもしれないけれど、運動不足を解消する意味でも、僕にはとてもいい話に思えたんですよ。

Q：それで、筋トレを始めたということなんですか?

A：そうなんです。そうしたら、なかなか面白くて。成果が目に見えてわかるでしょ。椅子に座っていることが多いので、足腰が弱ってしまう。それが、始めて3カ月くらいすると、体が軽くなったんですよ。歩くのも苦痛ではなくなってね。筋トレをガンガンやって、プロテインやアミノ酸を飲み始めたら、どんどん体が大きくなってきちゃったんです。当初の体重は、85キロくらいだったんですけどね。もともと顔はイカツい感じだったんでね。いまじゃ、ラグビーの選手によく間違えられます。

Q ： 社会情報とことばが専門だとお聞きしていたので、もう少し細くていらっしゃるのかと、勝手に思っていました。

A：ですよね。普通、芥川龍之介みたいな感じをイメージしますよね。

Q：さすがにそこまでは……。

A：僕は学生時代から茶道部でしたから。いわゆる運動からは遠いところにいたんですね。

Q：えーっ、茶道部ですか? ちょっと想像できません。

A：でしょうねえ。

Q：すみません。話をふっておいて恐縮ですが、この辺で本題に入らせていただきます。先生は「ほめことば」にお詳しいとお聞きしたのですが。

A：「ほめことば」は、別に太鼓持ちのように「よ、いいねえ。ヨイショ」みたいなことではないのですよ。「よかったですよ」「傾聴に値するお話です」もほめことばです。そういう直接的なほめことばも大切ですが、私は少し枠を広げて考えた方がいいと思うのです。

Q：と言いますと?

A：「よく頑張ったと、生徒をほめた」「歌が上手だとみんながほめる」というときの「ほめる」という動詞は「高く評価していると、口に出して言うこと」ですね。

Q：はい、わかります。

A：「ほめる」という動詞は年上の人には用いることができない、と書いてある辞書もあります。「みんながほめる」という場合の「みんな」は、同年か年上、あるいは歌のうまさが同じ程度か格上の人を指すことが多いんです。格下の人からほめられたら、かえってバカにされたと思うこともあるでしょ。

Q：確かにそうでね。

A：「たたえる」ということばもあるんですが、これは、ある人が社会的に好ましい行動を取ったときに、目上からも目下からも使えるのですが、どちらかというと文章語の類いです。身内に使うことは難しいのです。「公園の空き缶を拾い集めた息子をたたえる」というのは、ちょっとねえ。社会的に好ましい行動とはいえ、この場合は「息子をほめた」が一般的な使い方になりませんか?

Q：「たたえる」というと、大げさな感じになりますね。

A：そうなんです。そこで、「年上の人をほめる」ためには、どういう精神性が必要なんだろうか、と思ったんですね。

Q：年上をほめる、ですか。これまで考えたこともなかったですね。

A：「ほめる」にはもともと、「祝う」「祝福する」「ことほぐ」という意味があるんです。

Q：「祝う」「祝福する」「ことほぐ」ですか。

A：高い評価を与えるということだけが「ほめる」ということではないんですね。祝福するなら、年齢は関係ないじゃないですか。そこにある精神は、相手を尊敬する、いまで言うリスペクトってやつですよ。それを精神的支柱として考えれば、あいさつや会話でのことばの選び方、メールや手紙の書き方だけでなく、笑顔や口調、身ぶり手ぶりも含めたものがコミュニケーションということになるのではないでしょうか。

Q：ということは、ほめるということはコミュニケーションだと。

A：はい。むしろ、うまくコミュニケーションを取ることを「ほめる」の定義として見直したいと思いますし、うまくコミュケーションを取れる人を「ほめ上手」というのだと思います。

Q：少し「ほめる」の概念が変わったような気がします。

A：どうしても、テクニックですませようとすることが多い世の中です。「こういうときにはこうする」というマニュアルも一定程度必要ですが、コミュニケーションとして「ほめる」は、そうしたものだけでは納まらないものだと思うのです。

Q：どうすればいいんでしょうね。

A：基本的には、相手の気持ちを受け入れることから始まるのだと思います。マニュアルのほとんどがA⇒B（AをBに言い換える）というものです。大事なのは「⇒」で示された部分なのです。なぜAをBにした方がいいのか、あるいはなぜAではいけないのかという理由を「⇒」のなかから探し出さないといけない。そこに思いを致すことが「ほめ上手」になるコツだと確信しています。

　もちろん、ほめるときにどういうことばが必要なのか、ということも重要です。間違ったことばを使ったり、うろ覚えだったり、使い方を間違えたりすると、思いとは逆の結果をもたらすこともあります。最低限のほめことばや敬語は知っておくべきだろうと思います。

Q：そのための本が、いまご執筆の「ほめ……」

A：あああ、それは、できてからのお楽しみということでお願いします。

Q：蟻巣川先生、ぎっくり腰が完治なさっていないなか、ありがとうございました。

A：急いで書きあげないと……。ホント、ぎっくり腰だなんて、笑っちゃいますよ。

いえいえ、お大事になさってください。
蟻巣川先生でした。

意を尽くし
理を尽くして、
人を動かす

　徳山桃李はウキウキしていた。本の形が見えてきたからだ。著者の蟻巣川大悟から少しずつではあるが、信頼されてきた実感もある。徳山は、蟻巣川の腰の痛みが引いた頃合いをみて、知り合いの整体院を紹介した。それがうまく効いたようで「ありがとうございました。お陰さまで、ぎっくり腰もよくなって、また筋トレを始めました」とお礼の連絡があった。先日は原稿が遅れたお詫びに、と鯛焼きをたくさん持って編集部を尋ねてくれた。そのときに進捗状況も丁寧に説明してくれて、徳山からもこれからの展開を蟻巣川に伝え、お互いに確認することができた。

　しかし、届く原稿を読んでいくうちに、ちょっと本のコンセプトに迷いも生じてきた。読者層を読み間違えているのではないだろうか。そもそも「ほめて人を動かす」ということを見直すべきなんじゃないか。本の内容に合う装丁とページのレイアウトを考えなければならない。「いよいよだな」と思うのだが、このまま進めてもいいものか。デザイナー

との打ち合わせは、きょう 15 時からだ。

「先輩、きょうデザイナーさんとの打ち合わせがあるんで
すけど、その前に少しお時間を頂戴できませんか」
「いいよ」と答えながら、すずは思った。どうしたんだ？何
かトラブルでもあったのだろうか。すずの考えを察知するか
のように、荒巻が大きな声で割り込んできた。

「トーリ、またトラブルか？」
「やだな、違いますよ。デザインコンセプトについて、相談
したいなあと思ったんですよ」
「どうした、どうした。マイウェイを突き進んでいたんじゃ
なかったのか。熱でもあるんじゃないのか？それともきのう
飲みすぎたのか？」。人の意見になかなか耳を傾けようとし
なかったトーリ、ましてや自分から相談しにくるようなこと
はこれまでなかった。そんな変化に、少し戸惑った感じで聞
き返した。
「編集長、いいじゃないですか。トーリ君がそう言ってきて
るんだから」。すずは、荒巻に目配せしながら言った。

「そうですよ。僕もヒットを出し続けてきた編集長のように
なりたいですから」

「トーリ、そんなおべんちゃら言っても何も出ないぞ」。
そう言いながら、荒巻はにやけている。そして、トーリの
額に手を置いた。「あれ、熱はないな」

「何やってるんすか。風邪でも二日酔いでもありませんよ」

「あらら、編集長、照れちゃって」。すずが荒巻をからかう。

「蟻巣川先生の原稿を何としてもいい形で残したいと思っ
ているんです。編集長や浅嶋先輩のように、きちんと歴史
を刻んでいきたいんです」

「おいおい、いよいよ……」。荒巻は言いかけて、口をつ
ぐんだ。涙腺が緩みそうになった。このところ、何やら一生
懸命勉強している後ろ姿を見てきた。徐々にプロとしての
自覚が芽生えてきたことが、何よりうれしい。編集者らし
い面構えになってきた。

「トーリ君、わかった。打ち合わせ
しよう。いつもの喫茶店でいいかな」。
すずの顔にも笑みが浮かんだ。

　出て行く2人の背中に荒巻は声を
かけた。「おい、きょう飲みに行くか」

「行きませーん」

「行かないのかよ」。ここは行くパターンだろ。荒巻は小声
でひとりごちた。

「それで、ページレイアウトはどんな感じにしたいの？」

「ちょっと迷ってるんです。蟻巣川先生とも話をしたんですが、先生も若い人を意識している様子で、読みやすくて手に取りやすい方がいいんじゃないかなって」

「トーリ君、若い人を意識しているって、それ、先生がおっしゃったことなの？」

「直接ではないですけど、話をしていてそうじゃないかなあって。僕も先生の原稿を読んでいて、そう思うんですよね」

「そこは、先生の意向をしっかり確認しておいた方がいいよ。トーリ君が思っているコンセプトと先生が意識している読者層が異なると、本としてのバランスがとれなくなるよ」

「そういうもんですかね」

「話を進めるときには注意しなくてはならないことがある。それは、事実とそれに対する解釈や憶測を分けておかなくちゃいけないってこと」

「事実と解釈・憶測、ですか？」

「そう。ありがちなことなんだけど、事実に自分の解釈や憶測を交ぜて話すと、それを聞いた相手は、解釈や憶測を含んだものを事実として受け取ってしまうからなの」

「あ、バイアスがかかるってことですか？」

「そう。無意識のうちにズレが生じる。角度が1度ずれていても、初めは大したことがない。でも、だんだん開きは大きくなっていくでしょ。そうなったら、修正はなかなかきかないから」

「確かにそうですね。でも、そこまでガチガチに考えなくてもいいじゃないですか」

「何度も仕事をしていて、気心が知れていればそういう考え方もあると思う。それでも、意見の食い違いは出てくるものでしょ。正確に言ったつもりでも、お互いが同じイメージを持つとは限らないじゃない。イメージの違いやズレは常に意識しておかないと次第に大きくなって、気がついたときは取り返しがつかないことも出てくるよ」

「1度のズレですね。でも先生はおしっゃってましたよ。若い人にも読んでもらいたいものだって……」

「『読んでもらいたいものだ』っていうことは、先生は必ずしも若い人向けに書いているわけじゃないってことなんじゃないの？」

「ほめて人を動かすっていうテーマだから、どちらかという
と30歳代半ばから中間管理職向けの本になりますかね」
「トーリ君は先生の原稿を読んでどう思ったの？」
「中間管理職向けかもしれないけれど、先生の原稿を読ん
でいくうちに、僕と同じような世代こそ、ほめて人を動かすっ
ていうことが必要なんじゃないかって思い始めたんですよ。
だって仕事をすると、同世代と交渉することはあまりないで
すよね。むしろ蟻巣川先生や編集長、先輩たちのように年
上の方と話をすることの方が、圧倒的に多いじゃないです
か。だから、ほめて人を動かすというのは、僕たち世代の方
が重要かもしれない、と思い始めたんですよ。先輩方をヨ
イショするっていう意味ではなくて……。ほめるっていうの
は、基本的に年上の人が年下にするものでしょ。年下が年
上をほめることは、なかなか難しいですよ。そこを変えられ
ないかなあ、と思ったんです」

「その視点はいいかもしれないね。でもそれはトーリ君の
解釈というか理解だよね。実際に、そういう需要はあるのか
な」

「はい、実は先日、大学時代の仲間と飲んだんです。そうしたら最近、上司が部下をほめて育てるという動きはあるようなんです。管理職のハラスメント研修なんていうのもあるらしくて。でも、よく考えたら、僕らの世代は社会人になるまで、年上の人と交渉する機会なんてほとんどないなって話になったんです。大学にいるときだって、ゼミの教授を除けば、大学院の先輩を入れても、せいぜい5、6歳年上の先輩としか話をしない。一応、敬語は使うけれど、先輩をほめて動かすという状況は、まずないんですよ。それで、みんなどうしてる？っていうことになったんです」

「なるほど、そう言われればそうだね。私は就活のときに、風変わりなおじさんに文章の手ほどきを受けたけど、私もその人を直接ほめるシチュエーションはなかったな」
「だから、知り合いを通して、僕らと同じような悩みを持っている新入社員がいないかどうかを聞いてもらったんです」
「へえ、どうだったの？」
「語彙不足とか敬語の使い方がわからないとか、メールの書き方がいまひとつわからないとかいう声もたくさんありました。そして、年上のほめ方がわからなくて、結構失敗しちゃってるらしいんです」

「たとえば ?」

「年配のお客様が洋服を試着して、うれしそうにしている
ときに『馬子にも衣装ですね』って言っちゃったんだそうで
す。本人は『お似合いです』という意味で使ったらしいんで
すが」。すずは思わず噴き出してしまった。
「それ、本当の話 ?」
「はい。馬子を孫だと思っていたとか」
「それでも、わけがわからないよ。素直に『とてもお似合い
です』って言えばよかったのにね」

「母親くらいの年齢だったから、少し気の利いた言い回し
をしようと思ったみたいです。語彙の問題もあるとは思うん
だけど」
「そっかあ。よくリサーチしたね。私たちは、自分の経験で
しか得ていないものを、あたかも客観的事実であると思い
込んでしまいがちで、話をするときもそういう傾向がある。
そうすると、それを聞いた人はそれを基に考え出すから、
実態とはズレた方向に誘導してしまうことがあるんだ」

「先輩はそういうときにどうするんですか ?」

「トーリ君がしたみたいに、客観的な情報を集める。そしてそれを数字としてデータ化すると、理解を得やすいでしょ。あくまでも主観を外して説明できるようにするの。まあ、裏付けを取るっていうことにもなるんだけどね。そうしないと、話し相手を陥れることにもなりかねない。『駅から少し歩きます』というのと『駅から10分歩きます』というのでは、客観性が明らかに違うでしょ。客観的にっていうと、少し突き放した印象になりがちだけど、自分の憶測や解釈を交ぜて事実のように話をするよりも、結局は相手に対して真摯に向き合うことになるんだと思う」

「確かに『少し』と言われても、人によってその感覚は違いますよね」

「そう。ほめて人を動かすためには、まず相手に誤解させないようにすることが大事なんだよね。だからトーリ君が、同年代にリサーチしたことは、とても重要なことなんだよ。そういう実態も話して、先生と内容のすり合わせをした方がいいと思う。そして、若い世代をも意識したものに原稿を修正できるかどうかを相談してみたらどうだろう」

「そうですね。リサーチして思ったのは、ほめて人を動かすっていうのは、コミュニケーションの問題なんじゃないかって。ほめことばは重要だと思います。でも、それをいくら覚えても気持ちが伝わらないと駄目なんじゃないかな。うまく言えないんですけど、ほめるっていうことの概念を変えられればいいな、って」

「トーリ君、そういう思考の広がりは大切にした方がいいよ。その線で見直そうよ。ただ先生にご負担をお願いすることになるので、意を尽くして丁寧に説明するようにね」
「ありがとうございます。先輩と話をしているうちに、漠然としていた考えが焦点を結んだ感じです。やっぱり、頼りになる先輩に話してみるもんだなあ。助かりました。紙面デザインのコンセプトも絞れるかもしれませんね。早速先生に連絡してみます」。そういうと、トーリはサッと席を立って出ていった。すずは頼もしそうに、後ろ姿を見送った。

「ありがとうございますだって。後輩に言われると、意外とうれしいものだね。あらあら、アイスコーヒーも飲まずに行っちゃったよ」

　トーリは会社に戻ると、パソコンのディスプレーに付箋が貼られているのに気づいた。それは蟻巣川から10分ほど前に電話があり、折り返し連絡がほしいとの内容だった。すぐ連絡を取ろうと机の上の受話器に手を伸ばしたが、一呼吸置くことにした。どういう内容の話なのかも気になる

が、本のコンセプトの見直しについても伝えたい。トーリは
ノートを広げて、要点をまとめた。

**1) 当初考えていた30歳代半ばから中間管理職向けの本
を、入社間もない社会人にも理解できる内容にしたい。**

2) そのためには、
おかげさまで～ ⇒ ○○さまのお力添えを頂戴したからこそ～
わざわざおいでくださり～ ⇒ ご多忙のなか、ようこそお運び
くださり～
というようなA⇒Bという言い換えの例示を並べても、若い
世代にはどういうシチュエーションで使えばいいのかがわか
らない。状況を含めた文章仕立てにできないか。

3)「ほめことばで人を動かす」というテーマを「ほめるコミュ
ニケーション」に持っていけないか。年上から年下に対する
「ほめる」だけでなく、年下から年上にも使える「ほめる」に
ついて考えるものにしたい。「ほめる」の概念を変えたい。

4) ページレイアウトも、ゆったり組んで、若い世代も手に取り
やすい明るめの装丁にする。そして、書き直しをお願いするこ
とになるので、先生の意向をじゅうぶんに確認すること。

よし、とトーリは受話器を取り上げた。

「もしもし、蟻巣川先生でいらっしゃいますか。マジ文出版の徳山桃李です。お電話をいただいたにもかかわらず、席を外していて失礼しました。ご用の向きは ......」

「あ、忙しいところ申し訳ありません。実は、原稿はこれでいいんだろうかと思って。徳山さんの率直な意見を聞かせてもらえないだろうか」
「と、申しますと？」
「こんな書き方で、誰が読んでくれるだろうか、と思ってさ。言い換えと書き換えの羅列だろ。読んでいて飽きてくるんじゃないかな」
「先生、ありがとうございます。実は、私も別の視点から、先生にお願いできないかと思っていたことがございます」
「ほう、それはどんな？」

「はい。先生のおっしゃるように、頂いた原稿はAをBに言い換えるA⇒Bという例示が中心になっています。これだと、どういう場面でそれを使ったらいいのか、実際の状況がわかりづらいかと思ったのです」

「そうなんだよ。そこが引っかかってねえ」
「はい。先生は若い人にも読んでもらいたいともおっしゃいました。そこで、会話形式で、実際にありそうな状況を書いていけないか、と思ったのです。そういう状況を示したうえで、A⇒Bという例示があれば、よりわかりやすいかと思いました。実は、私もそうですが、大学の同窓生も年下をほめることはあっても、年上の人をほめるという経験がほとんどないんです。だから、ほめ方がよくわかりません」

「なるほど、そういうものかもしれないねえ。年上をほめる、かあ。ちょうどそういうことを考えていたんだよ。

『ほめる』っていう動詞は、基本的に年上や格上の人には、使えない。でも、もともと『ほめる』は、人を評価するものというより、祝う・祝福するってことを意味していたんだ。それなら、年上や格上の人にも使えるんじゃないかってね。

　つまり『ほめるは敬意』だよ。そういう精神性が重要なんじゃないかな。それをわかりやすく書けないかなと思ってね」

「先生、おっしゃる通りです。ほめるということに年上も年下もないと思います。原稿をお願いするときには、30歳代から中間管理職向けに、と思っていたのです。ところが先生の原稿を読むにつれて、むしろ若い世代にこそ、こういう考え方が必要なんじゃないかと思い始めたんです」

「ありがとう。確かにそうかもしれないね」

「ご理解くださり、ありがとうございます。そうすると、先生

に原稿を加筆・修正していただく必要も出てきます。先生
にご負担をおかけすることになってしまうのですが、いかが
でしょうか」

「それは、まったく構わないよ。腰もよくなってきたから、
問題ない。せっかくなら少しでも役に立つ本にしたいから
ねえ。何とかしましょう。それにしても紹介してもらった整
体の先生はゴッドハンドだね。すごく体が軽くなったよ」
「お役に立ててよかったです。僕も何年か前にぎっくり腰を
やったので。いまでも疲れがたまると腰が重くなるので、
定期的に通っているんです」
「私もそうすることにしたよ。筋トレの後に整体で体のバ
ランスを整えるようにしようと思う。ほんとに助かったよ」

「いえ、とんでもないことです。先生、もう一つ、ページレ
イアウトもゆったり組んで、圧迫感がないようにしたいと思
います。装丁も教科書っぽいものではなく、若い世代が手
に取りやすい明るい感じにしたいと考えております。先生、
ご同意くださいますでしょうか」
「軽薄な感じにならなければ、その方向でいいと思います
よ。電話をしてよかった。徳山さん、ありがとう」
「いえ、こちらこそ、勝手を申し上げ大変失礼しました。先
生のお考えに沿う本に仕上げていきますので、引き続きよ
ろしくお願いいたします」

「トーリ、いつそんな話し方を覚えたんだ？ なかなかよかったぞ」

「編集長、聞き耳をたててたんですか？」

「違うよ、お前の声が弾んでるから、ちょっとな」。荒巻はバツが悪そうだ。

「ちょっと、どうしたんですか？」。笑いながら、すずがからかう。

「どうもしやしない」。荒巻は口ごもりながら言う。

「編集長、素直にほめたらいいじゃないですか」。すずは言いながら、顔をのぞき込む。

「バカ言ってんじゃないの。ほめるなんて100年早いっての。ほめられて喜ぶやつの気が知れない。ほめるってことは、絶対その裏があるもんなんだよ。上司に猫なで声出され

たら、逃げた方がいいに決まってるんだ。そのくらいのこと
を知らないで、よく社会を渡っていけるな」
「あらあら、饒舌（じょうぜつ）になっちゃって」
「からかうんじゃないって」

　2 人のやり取りを背中で聞きながら、トーリは蟻巣川と
のやり取りをメモにしていた。デザイナーとの打ち合わせ
の基本資料にするためだ。書き終えて、トーリは出掛ける
準備を始めた。「行ってきます」と言おうとして、荒巻と目
が合った。

「トーリ、きょう飲みに行くか？」
「行きませーん」
「そこは、行くとしたもんだろ」。すずが荒巻の肩を後ろか
らポンポンとたたく。
　笑い声が、編集部内に弾んだ。
「じゃ、デザイナーさんとの打ち合わせに行ってきます」

意を尽くし理を尽くして、人を動かす

トーリの独り言

事実と個人の憶測を混ぜてごちゃごちゃにしないようにする、か。主観と客観を分けて考える。意を尽くすためには、客観性を大切にしなくちゃいけないんだな。客観情報を提示して、丁寧に話をすれば話を理解してもらえる。うん、まとめておこう。

話を進めるときは「事実と解釈・憶測」を切り分ける。憶測を交えた話をすると、相手はそれを事実だと認識する。バイアスがかかってしまうっていうこと。

①

ほめて人を動かすには、まず相手に誤解されないようにする。「駅から少し歩く」という感覚的な表現だと、人によって「少し」のイメージが違う。

④

そのためには、「駅から歩いて10分」というように、客観的な数字や裏付けを示す。

⑤

小さな誤差も開きが
大きくならないうちに
修正しておかないと、
収拾がつかなくなる。

②

経験のみの情報を、
あたかも客観的事実の
ように思い込まないよう
にする。

③

たしかめる

仮説A	×
" B	○
" C	△

真実の STORY

トーリの自主トレ

　年下が年上にほめことばを使うのは、とりわけ難しい。気持ちがあっても勇気がいる。編集長に「ご苦労様です」って言ったら、「苦労なんかしてねえし」って言われたことがあった。別の日に「お疲れさまでした」って声をかけたら、「疲れてねえよ」って返された。使ったことばが間違っているのかどうかもわからない。気持ちが上滑りすることもある。ほめことばの基本を整理した方がいいと思って、調べてみた。

① ご苦労さまでした／お疲れさまでした

　「ご」も「お」も漢字で書くと「御」。この使い分けを大雑把に言うと「御＋漢語」の場合が「ご」、「御＋和語」の場合が「お」になる。大雑把だからね。これに外れる使い方もたくさんあるってことは押さえておかなくちゃ。

　漢語って日本で使われている漢字のうち、中国の発音に基づいて読むもの。大づかみに言うと、音読みに多いってこと。「ご苦労さま」の「苦労」が漢語。和語は日本固有のことばとみられるもの。「やま(山)」とか「かわ(川)」なんかがそう。山の漢語音は「サン」、川は「セン」。「つかれる」という和語に「お」と「さま」がついて出来たのが「お疲れさま」。

　「ご苦労さま」も「お疲れさま」も、ねぎらいの意味などに

使うことばだけど、対象にする相手を選ぶみたい。辞書で「ご苦労さま」をひくと「普通、目上の人には使わない方がよいとされ『お疲れさま』を使うことが多い」って書いてある。つまり、

⇒「ご苦労さま」は目下の人に対して使う
⇒「お疲れさま」は同僚、目上の人に対して使う

っていうのが、慣習になっているようなんだ。

　文化庁の 2005 年 (平成 17 年) 度の「国語に関する世論調査」を見ると
　(1) 自分より職階が上の人に「お疲れ様 (でした)」を使う人が 69.2%、「ご苦労様 (でした)」を使う人が 15.1%。
　(2) 自分より職階が下の人に「お疲れ様 (でした)」を使う人が 53.4%、「ご苦労様 (でした)」を使う人が 36.1%。
「ご苦労」っていう言い回しが、偉そうに感じるのかもしれない。日本語って上下の関係でいろいろ制限があるから、ほめたりねぎらったりしたつもりでも、失敗することがあるみたい。もう少しフラットになってもいいかなって思うんだけどね。

② 頑張ってください

「頑張る」は「あることを成し遂げるために、困難に耐えて努力する」こと。「眼張る」から出たことばだとも言われてる。

「眼張る」は「確かめて覚えておく」「目をつけておく」って意味だって。「我張る」「我に張る」が変化したとも言われている。「頑張る」は当て字という説もあるんだ。

　これを年上の人に使ってはいけない、という理由は「困難に耐えて努力する」が引っかかるらしい。「頑張ってください」は「努力しろ」と言っているようなもんだっていうんだ。だから、そう言われると、現段階で何も努力していないっていうことになるって。これって、本当にそうなのかな。不快な思いを抱かせるのなら、あえて使う必要はないと思う。言い換えとしては

⇒ますますのご活躍をお祈りしております。

こんな言い方も見かける。

⇒ますますの活躍をご期待申し上げております。

　これならどうだろう。「活躍」に「ご」がついてないけれど、「ご期待申し上げております」があるから、そこまで過剰に盛らなくてもいいと思うんだ。もっとも「期待」は、上からの物言いだという見方もあるから、相手との関係を考えて使うようにしたいと思う。

　「頑張らなくていい」ってことばも生まれた。震災や病気などで大変な思いをしている人に、さらに「頑張って」というのは酷じゃないかっていう意見だった。こういう気配りは納得できるよね。

3 ここは私(私ども)がおごります

　著者や取引先へのお礼の会を開いたり、先輩を個人的にねぎらおうとしたりする場合も出てくる。さすがに著者や取引先に「おごります」とは言わない。でも、軽口のきける親しい先輩には「今度は僕がおごります」なんて風に使ったりすることがある。これも、端から見ていたら、おかしいってことになるんだろうな。

　ごちそうするっていう場合の「おごる」は「奢る」っていう字を当てるんだけど、もともと「思い上がってわがままなことをする」っていう意味の「驕る」と同源のことばなんだって。だから「奢る」には「程度を超えたぜいたくをする」っていう意味があって、そこから「自分の金で飲食や物品を人に振る舞う」っていう意味になった。

「お金が余ってるから、いい顔して人に振る舞う」っていう上から目線の姿勢があるってことなんだ。だから、取引先や先輩に使うのは、あまりよろしくない、ってことになるんだ。

⇒ここは、私(私ども)にお任せ願いたく存じます。
⇒ここは、私(私ども)に持たせてください。

　っていうように、へりくだった言い方やお願いベースで伝えると角が立たないんじゃないかな。

　さんざん人より飲んでおいて「ここは、公平に割り勘にしよう」っていう上司には、がっくりくるけどね。

④ 役不足

「役不足ではありますが、よろしくお願いします」の「役不足」
は「自分の力量・能力に対して役目が軽いこと」を言うんだ。
冒頭の例は「自分の能力に比べれば、大した役回りではな
いけど、頑張るよ」って意味になる。こういう場合は

> ⇒力不足ではありますが、……

としなくてはいけない。「力不足」は、文字どおり「力が足
りない」ってこと。「役」と「力」一文字違いなのにね。

⑤ なるほど、いいですね

素直なほめことばだと思うけど、ため口に聞こえてしまう
こともある。こういうときは、少しことばを添えて伝えると
いいかもしれない。

> ⇒私にそういう発想はできませんでした。深く共感い
> たしました。
> ⇒この世界観には感服いたしました。目から鱗が落ち
> る思いです。
> ⇒このような視点で捉えられるとは、想像だにできませ
> んでした。
> ⇒○○様の慧眼、恐れ入ります。心から感動しました。

こんな感じにすれば、どうだろう。目上の人に対しても失礼にはならないと思うんだけど。「慧眼」は「物事の本質を見抜く眼力・洞察力」って意味。

⑥ 了解しました

「了解」は、「物事の内容や事情を理解して承認すること」だから、本来、目上の人に使っても問題ないと思うんだけどね。ただ、通信なんかでその内容をごく短いことばで「了解」なんていう風に使うから、あまり丁寧なイメージを伴わないことばなのかもしれない。それに「承認する」「認める」意味が含まれているから、目上や格上の人が「了解しました＝承認しました」っていう具合に使うのが、一般的になったのかもしれない。そこが気になるなら、

⇒承知しました
⇒承知いたしました

っていう言い方をすればよさそうだ。「承知」は「目上の人の命令などをうけたまわること」だから、失礼に当たらないでしょ。「しました」を「いたしました」にすれば、なお丁寧な言い回しになると思う。

　メールや手紙を出すときに「殿」と「様」のどっちを使えばいいのか、って迷うことがある。さすがに普通は「殿」を使うことはないけれど、役所から届く文書などは「殿」になっていることもある。「殿」の方が「様」より正式なのかどうか、調べてみた。

　「殿」は、人名や官職の名前などにつけて敬意を表すもの。「関白殿」とか相当身分の高い人につけていたらしい。いまでは、官庁など公の場で用いるほかは、書面などでの形式的なものや下位の人への軽い敬称としても使うんだ。

　平安の時代に「殿」の敬意が低下したらしく、室町時代からは「殿」に代わって、より丁重な表現として「様」が使われるようになったんだ。

　「様」は、人の居所、身分、氏名につけて敬意を表した。だから、官職には使わないんだ。敬意の順でいうと「様」が一番、その次に「公」、3番目に「殿」なんだって。

　江戸期には「様」の使用が増えて、「様」から変化した「さん」も江戸後期に多用されるようになった。「殿」が変化した「どん」は、「丁稚どん」っていうように、奉公人に親しみを込めてつけられた町人ことばだったみたい。「西郷どん」なんて具合に、敬意を示す方言となった地域もある。

> ⇒様：人に対する一般的な敬称。年齢・キャリアに関係
> なく使える。
> ⇒殿：公文書などで使われる敬称。下位の人にしか使
> わない。

っていう具合に覚えておけばいいかもしれない。僕たちは「様」を使えば、基本的に問題ないってことだね。

もう一つ「御中」っていうのがある。これは、会社や団体などに送る郵便物の宛名の下に添えることばだから、人に使ってはいけない。

もともと明治期以前に、脇付（わきづけ）に用いられていた「人々（ひとびと）御中（おんなか）」の「人々」が省略された「御中」を音読したものじゃないかって言われている。脇付は宛名の左下に書き添えて敬意を表すものだ。

> ⇒御中：会社や団体などへの郵便物の宛名の下につける。
> 人には使わない。

医師に病院を紹介してもらうと、「○○先生机下」なんて書いてある。「机下」は紹介する先生を敬っての書き方だったんだ。他にも侍史、座下、床下、足下なんていうがあって、相手の周囲、配下のものから取り次いでもらうとか、机の下や足元にそっと置きますなんて意味を込めたものなんだ。

きょうはパントリーの山本佳子さんにおいで願いました。パントリーさんは、会議などの時にお茶を出してくれる係の方です。いつもはカウンターのない小さなカフェか大きめの給湯室っていう感じのところにいらっしゃいます。私たちが買いに行くこともできて、美味しいコーヒーを格安で提供してくれます。かなりの事情通だとか。

Q：突然、お呼び立てして申し訳ありません。

A：いやだー、なんなの？急に。私なんにも知らないわよ。最近、トーリ君が明るくなったとか……。

Q：え、徳山さんに何かあったんですか？

A：いやねえ、言えないわよ。そんなの。だって最近、あいさつするのよ〜。

Action 4

Q：あいさつですか?

A：そうなのよ。朝、うちのところにきて、コーヒーを買うの
よ。アイスコーヒーが好きらしいんだけど、朝は眠気ざま
しにホットなんだって。うちのコーヒーは豆を挽いて一杯ず
ついれるでしょ。味も香りもいいのよ。荒巻編集長もよく
来るのよ。で、トーリ君はモカ系、新巻さんはブラジル系の
豆が好きなのよ。うちはあれよ、ドリップだけどペーパード
リップじゃないからね。ネルドリップ。起きててもネル、ね。

Q：で?

A：で?じゃないわよ。そういう風に受け答えがヘタなわ
け。あなたも相当駄目だけど、トーリ君も駄目なわけよ。
だって、毎朝来ては「モカください」しか言わないのよ。朝
でしょ、こっちが「おはようございます」って言っても、「ふん」
みたいな感じだったわけよ。ね、それが、最近「おはよう
ございます」なんて言うのよ。信じられる?

Q：おはよう、ですか。

A：違うわよ。「おはようございます」。ちゃんと「ございま
す」をつけてるの。一応、丁寧語っていうの?そんな感じな
のよ。「ございます」よ。きっと何かあったに違いないわ。

Q：何があったんでしょう。

A：何って、あなたもヤボねえ。そういうときは、彼女ができたか、振られて開き直ったか、でしょ。

Q：そうですか。

A：だって、最近、飲みにいってるみたいなのよ～。

Q：誰とですか?

A：誰だと思う?

Q：さあ?

A：ほんと、あなた駄目ねえ。編集長よ、編集長。

Q：えーっ! だっていつも編集長が誘っても「行きませーん」って即答してますよ。

A：何言ってんのよ。素人ねえ。それが、カモフラージュなの。焼き肉に行ってもカモ、ね。……あなた、鈍いわ。

Q：ちょっと、待ってください。さっき、徳山さんが朝、あいさつするようになった。そして、そういうときは、彼女ができたか、振られて開き直ったかだって言ってましたよね。彼女って編集長なんですか?

A：ほ! ほ! そんなわけないでしょ。

Q：そりゃ、そうですよね。

A：だから、編集長に仲人になってもらおうと思ってるんじゃないの? だって最近、やけに編集長がトーリ君に絡むでしょ。あれは仲人を頼まれてやってもいいぞっていう意思表示よ。

Q：徳山さんが編集長に仲人を頼もうとしてるんですか? それとも徳山さんの意思に関係なく編集長が勝手に仲人を志願しているってことなんですか?

A：何言ってんのよ。それがわかったら苦労しないわよ。そうじゃないの、ね。落ち着いて聞いてよ。編集部が明るくなったってことなの。

Q：ちょっと、ついていけないんですけど。

A：いいのよ、私についてこなくても。私はいつも独走態勢で生きてるから。独走は独創なの。なかなか人に理解されないものなのよ。ね、最近ゴミ箱を蹴る人もいなくなったでしょ。

何年か前まではコーヒーを運んでいくと、怒りにまかせてゴミ箱蹴ってる人をよく見かけたものよ。だから、ゴミ箱がガタガタだもんね。編集部の外にいたって怒鳴り声は聞こえたし、ね。それがいま静かなのよ。

Q：そういえば、そうですね。

A：話し方も丁寧なのよ。編集長の「バーカ」が減ったでしょ。

Q：確かにそうですね。

A：ね、だから仲人なのよ、絶対。なんだか編集部がまとまってきたみたいなのよ。あれね、浅嶋すずさんが来てから、少しずつ雰囲気が変わってきたもの。昔はみんながオレオレみたいな感じだったのよ。一匹狼って言ったら格好いいけど、しょせんバラバラなのよ。みんな目がつり上がって、いつも焦っているみたいだった。それが、すずさんが来て、にこやかにあいさつするようになって、少しずつ変わってきたのよ。
そうそう、忘れてた。この前、トーリ君が鯛焼き持ってきてくれたのよ。なんでも蟻巣川先生のお土産で、たくさん頂いたからって。こういうこと今までになかったもの。そのときのトーリ君、とってもうれしそうだったわよ。あの子も最近、ホント変わってきたわ。自信がついたっていうのかしらね。

Q：そんなに雰囲気変わりましたか。

A：そう。話は違うけど、蟻巣川先生って大っきいわねえ。あんなに大きい人初めて見たわ。筋肉がもりもりしていて、案外目が優しいのよね。営業の人かと思ったら、ことばが専門なんですって？

Q：なんでそんなことを知ってるんですか。

A：だからトーリ君よ。よほど、うれしかったんだわ。可愛いとこがあるじゃない。「ほめる」をテーマに本をつくってるんだって？　なんでも、ほめるの第一歩は、あいさつなんですって。それを実践していたら、周りが優しくなったって。

Q：そのときに仲人の話は、聞かなかったんですか？

A：あなた、ほんとヤボねえ。仲人なのよ。編集長が部員との仲人なの。さっきから何聞いてるの？

Q：え？　ちょっとわからない……。

A：編集長が、部員と部員の間にうまく入って、関係性がうまくいくようにしているってこと。つまり、これまでもう一つなじんでなかったトーリ君とすずさんをうまくつないで、

変えていったじゃない。だから、仲人なの。何度、仲人したかしれないのよ、編集長は。

Q：そういう意味なら、仲人は浅嶋さんでしょ。編集長と徳山さんの間を取り持ったんだから。

A：ああ、素人ねえ。編集長の本当の力を知らないんだわ。蟻巣川先生のところに、編集長とすずさん、トーリ君の3人でお詫びに行ったでしょ。トーリ君を有能な編集者にするために編集長もいろいろ考えてるのよ。あなた、編集長の人材育成の手腕をみくびっちゃいけないわよ。

Q：えーっ、そうなんですか。

A：あなた、私たちパントリーをなめちゃいけなわよ〜。

Q：今度、シュークリームをお持ちします。

A：よく私の好みを知ってるわね。ありがと。

Q：パントリーの山本佳子さんでした。

A：え、もういいの？まだまだ話はあるわよ。

Q：ありがとうございました。

A：あなた、駄目よ。もっと受け答えを勉強しないと……。

ほめ名人現る。
あれ?なんと同い年だ

徳山桃李は心配だった。これまで進めていたコンセプト を変更することにしたからだ。原稿の手直しなどで、また 時間が押してしまう。デザイナーの後田岳に負担をかける のは目に見えている。すでに第1稿を渡して、きょう、 装丁とページレイアウトの粗々のイメージを持ってきてもら うことになっている。コンセプトの変更は、ここに来る直 前に決まったので、後田には連絡できなかった。怒るだろ うなあ。30分前に待ち合わせの喫茶店に着いた徳山は、 目をつぶって深呼吸した。

　徳山が考えていたことと、 図らずも小峠産業大学教授 の蟻巣川大悟の考えが、ほぼ一致していた。それは大きな 前進だ。「ほめる」が若者にこそ必要だということで、認識を 一致させることができた。蟻巣川は原稿の加筆・修正を引 き受けてくれた。また押してしまうが、なんとか時間を節約 しなくてならない。装丁とページレイアウトの時間をじゅう ぶん取れるか。タイトル案も考え直さなくてはならない。考 えることは、山のようにある。後田と直接会うのは、きょう が2回目だ。うまく説明しないと。

　あ、後田さんだ。

「後田さん、ここです。こんにちは。きょうは、お忙しいところ、ご足労くださり、ありがとうございます。よろしくお願いします」

「こんにちは。こちらこそ、よろしくお願いします。寒くなりましたねえ。僕はマラソンが趣味なんで、このくらいの方が走りやすいんですけどね。あら？徳山さん、まだ飲み物注文していないんですか？」

「あ、そうだった。後田さんは何にします？」

「コーヒーを頼もうと思います。徳山さんは？」

「僕はアイスコーヒーを」

「へえ、この寒いのにアイスですか」

「そうなんです。アイスの方が好きなんです。眠気ざましに朝はホットなんですけどね」。そう言いながら、トーリはマスターに注文した。

「へえ、確かにホットは苦みがありますもんね。僕も去年までコーヒーに砂糖を入れてましたもん」

　トーリは居住まいを正した。「後田さん、きょうはまず、お詫びをしないといけないんです」

「何かあったんですか？」。後田は驚く様子もなく、耳を傾ける。

「実は、本のコンセプトが変わって、著者の蟻巣川先生に加筆・修正をお願いしたんです」

「あれれ、そうなんですか。で、どんなふうに変えるおつもりですか？」

「実は、先生のお書きになった原稿を読んでいて、これは僕と同じような若い世代にこそ必要なんじゃないかって思ったんです」

「ほめことばで人を動かすっていう内容ですよね。確か30歳代後半から中間管理職向けっておっしゃってましたよね」

「当初はそうだったんです。ほめるっていうのは、年上が年下を評価するためものだと思っていたんです。どちらかというと、僕たちは年上の方と仕事をするケースが多いですよね。人生の先輩やある分野に秀でた人に対して、すごいなあって思うことがあります。でも、それをほめるってかなり難しい。そもそも先輩や達人をほめるっていうことが、なぜ難しいんだろうって思い始めたんですね。たとえば、僕がプロの後田さんが描いたものを見て、『絵が上手いですねえ』なんて言うことは、かえって不遜なことになるのかなあって思うんです。素直にほめるということが、かえって失礼にあたるかもしれない。それって、すごく妙な感じがするんですよ」

「まあ、僕は誰に言われてもうれしいですけどね。それにこう見えても僕は23になったばかりです。徳山さんの方がちょっと年上かもしれないですね」

つけてる!?

「えーっ、そうなんですか？じゃ、僕と同じだ。えー、ビックリ。すごく落ち着いていらっしゃるので、32か33歳くらいだと思ってました」

「アラサーに見えましたか。昔から老け顔だったからね」

「あ、失礼しました。そういうわけではなくて。笑顔もステキだし、大人って感じだったので」

「めちゃくちゃ、ほめてるじゃないですか。ほめるって、基本的に何かに秀でていることを評価するっていうことだから、そう思うんでしょうね」

「そうそう、そうなんですよ。おっしゃるように評価なんですよね。『よくやってるな』とか『頑張ってるじゃないか』みたいな。言われた方も、それで自分の存在意義を確認しているっていう側面があるじゃないですか。しかも会社にいるとそれが、業績査定に直結しているような意識も働きますもんね。だから、年上や格上をほめるっていうのが、しっくりこない感じなんですよね」

「そうですね。ほめるって行為が査定を連想させることになると、本来の意味がゆがんでしまいますもんね。なるほど、年上や格上の人をほめるっていう視点、いいかもしれませんね。『ほめる』っていうことばをどう意義づけるかって

いうことにもなりそうですね。徳山さんがおっしゃるように、若い世代に向けて原稿をつくるっていうのもありかもしれませんよ」

「ありがとうございます。でも、進行上、後田さんにご負担をおかけすることになりそうなんです。しかも、この話は、後田さんにお会いする直前に蟻巣川先生と決めたので、事前にご連絡もできませんでした。申し訳ありません」
「まあ、そんなことは大した問題ではありませんよ」
「そう言っていただけると大変ありがたいのですが、後田さん、大丈夫なんですか？」

「デザイナーは、さまざまな制限のなかで一定の品質を担保しなくちゃいけないっていうのが、当たり前のことですから。建築家も同じですよ。建ぺい率や容積率、土地の形、施主の要求、こうしたすべてをうまく採り入れながら、こだわる部分と妥協する部分を見極めて、施主の満足のいくものをつくるんです。僕らも同じです。

Action 5

　クライアントのさまざまな要望は、夜空に輝くてんでんばらばらな星です。その要望をストーリーに沿って新しい星座として描き出すのがデザイナーの仕事なんです。ちょっと、カッコよすぎますかね」。後田は、照れながら言った。

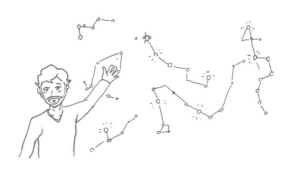

「そんなことはないですよ。うわっ、カッコいい。後田さん、本当に僕と同い年なのかな。自分の仕事をそういうふうに考えたこともなかったなあ。でも、かなりご無理をお願いすることになると思うんですが……」
「それこそ、クライアントによっては、納品当日にあれこれ注文をつけてくることもあるので、今回のお話なら余裕ですよ」

「後田さん、強いですねえ。僕だったら、もう頭に血が上っていると思うな。それにしても、ラフを描いていただいたのに、無駄になっちゃいますね」
「そんなことはないですよ。一度描いておけば、大体の感

覚がつかめます。百八十度変わるんなら、それはそれでチャレンジです。面白いじゃないですか。で、どんな風に内容を修正するんですか」

「はい、そう言っていただけると、心強いです。先にお読みいただいた原稿は、A ⇒ B という言い換えの例示が中心だったと思います。しかし、これだとパターン化されただけで、実際の事例でどう使えばいいのかがわかりづらいのではないか、と思うんです。特に私を含めて若い世代は、ほめられることはあっても、人を、特に年上をほめるということをほとんど経験していないんじゃないかと思うんです。社会人になってもね」

「確かに僕もそういうところはありますね。僕たち芸術系の学生は、自己主張が強いし、自分の作品に思い入れもあるから、先輩を先輩とも思わない、というようなところがありました。一応、合わせてはいましたけど、周りもライバルみたいなものだから、先輩をほめることもなかったな。作品をほめたら自分の負けを認める感じもしたし」
「そうだったんですか。ここまでのお話を伺っていても、そんな風には思えませんけどね」

「そうですか。僕は学生時代から個人で仕事を受けているので、徳山さんより多少早く、社会の理不尽を味わっていたということかもしれませんけどね。で、どんな構成になさ

るつもりですか？」
　後田がとても大人に見えて、
トーリは少しボーッとしてしまった。

「あ、そう構成ですね。ざっとですが、仕事を依頼するための
メールの書き方、失敗したときの謝罪の仕方、仕事の確認・変更の仕方などの順に、全体を5〜6章にして、ストーリー仕立てにできないか、と思っています。そのなかで『ほめる』っていうことの意味や、気持ちよく仕事を進めるために注意した方がいいことばづかいなどを書いてもらえないか、と先生にお願いしています。A⇒Bという言い換えの例示は、章の終わり部分に『まとめ』として入れて、さらに関連することばを収録できれば、と思っています」

「コラムなどは、どうしますか？」
「コラムも章の終わりに入れたいですね。コラムらしくない感じのコラムにできないか、と思っているんですが……」
「そうですか。なんだかワクワクしてきますね。さっき、若い人が年上や格上をほめるのが難しいっておっしゃっていましたが、そう思う切っ掛けが何かあったんですか？」
「出版社に入って8カ月になるまで、まったく企画が通らなくて。いろいろ言われるばかりで、私の考えは取り合ってもらえない。だから編集長や先輩から何かを言われても、数カ月前まで聞く耳を持ちませんでした」

「へえ、『数カ月前まで』っていうことは、何か心境の変化があったっていうことですか？」

「はい、今回原稿を頼んだ蟻巣川先生に対して、失礼な依頼メールを差し上げてしまったんです。もっとも、僕はそれが失礼だと気づいていなかったんですが……。いまとなれば、気づいていないことの方が問題だったということがわかりますが、そのときは蟻巣川先生のお気持ちも、先輩や編集長が何を怒っているのかもわかりませんでした。編集長からはさんざんバーカを連発された。でも、謝罪に行った席で、編集長が僕の失敗は編集長である自分のミスだと言って、蟻巣川先生に頭を下げて謝ってくれたんです。その姿を見て潔いというか、大人としてカッコいいなと思ったんです」

「へえ、責任をまるごと受け止めてくれる上司なんて、そうはいないですよね。でも、徳山さん、さっき僕には原稿のコンセプトが変更になること、それに伴って僕の負担が大きくなることを丁寧に説明して、謝ってくれたじゃないですか。

僕、ちょっと感動しました。結構、横柄な態度を取るクライアントもいるので、ホッとしましたよ」
「感動しただなんて。そんなもったいない……」
「僕もいい本に携わりたいと思っているので、ギリギリまでやりますよ」
「後田さんは懐が深いんですねえ。あり
がとうございます。編集長は、いい本をつ
くるためならメンツもプライドも捨てろ。
頭下げるなんてのはタダだ。いい本書い
てもらいたいなら、いくらでも頭を下げろっ
て」

「随分、腹の据わった方なんですね。徳山さん、いい上司
に恵まれているじゃないですか。普通なかなかそこまで言
わないものですよ。機会があれば一度、編集長ともじっく
りお話ししたいなあ。きっと、本がお好きなんだろうなあ」
「そうみたいです。かつては本を出せば大ヒットだったらし
いです。いまじゃ伝説のようになってますが」

「徳山さんの話を聞いていて、実際の事例のあり方は、必
ずしもほめることだけじゃないような気がしたんだけど」
「どういうことですか?」
「ほめて人を動かすことも重要だけど、その前提にあるの
は、相手に言うべきことをしっかり伝えるっていうことじゃ

ないかな。それを忘れると、心のこもっていない単なるヨイショになってしまうような気がするな。相手をリスペクトするために、ことさらほめことばを必要としないような気がしました。ある程度、必要なほめことばはあると思いますが、相手への思いがあれば、丁寧に伝えることがいかに大切かはわかるんじゃないかな」

「後田さん、すごいっす。その視点が飛んでいました。確かにそうですね。誤解のないよう、丁寧に話を伝えること。大切です。後田さんの慧眼、恐れ入ります」
「ははは、めちゃくちゃほめてるじゃない」。後田は笑いだした。

「あ、そうですか？後田さん、それでページレイアウトは、できるだけゆとりをもった組み方にしたいと思うんです。ツメツメにすると、重苦しい印象になると思うんです」
「そうかもしれませんね。いまじゃ、単行本の2段組みも見かけなくなったしなあ。ちょっと寂しい気もする。小さめの活字がぎっしり2段になって並んだ本を、読破したときの達成感は、いまでも忘れられないなあ」
「わかるなあ。後田さん、本がお好きだったんですか」
「学生のときはデッサンするか本を読むか、だったんです」
「そうだったんですか。それじゃ、ブックデザインには、造詣がおありなんですね」

「はい。いろいろやってますが、ブックデザインは大好き
なんです。本の世界観を差し出がましくない感じで主張す
るっていうのかな。やりがいがあると思っています。それで、
装丁はどんな感じにします？あまりコテコテじゃない方が
いいとは思うけど」

「はい、若い世代が手に取りやすいような明るい感じの装
丁にしていただければ、と思います。とはいっても、軽す
ぎない感じで」
「わあ、結構、難しい注文だなあ。でも、言わんとすること
はわかります。それで、タイトルは何か考えてますか？」

「そうだった。タイトルですよね。当初は30歳代後半か
ら中間管理職向けだったので『ほめて人を動かす！』って
感じにしようと思っていたのですが、それだと、今回変え
たコンセプトと合いませんもんね」。トーリは、頭を抱えた。
「表紙をつくるときにタイトルがあった方が、つくりやすい
ので、お聞きしたんですが、まあ、そんなに急がなくても
いいと思います」

「後田さん、どう思われます？」

「うーん、僕は著者の経験も編集者の経験もないから、難しいな。でも、必ずしもほめことばを使うっていうことではないんですよね。でも、ほめるっていう感覚というか、思いやる気持を大切にしたいってことですよね」
「そうですね。本を読んでもらった読者の方が、ほめる＝ほめことばっていうことではなく、この本で、ほめるっていうことばの広がりを感じてもらえればうれしいんだけど。蟻巣川先生は、『ほめるは祝う・祝福すること』だって」

「それは面白い。『ほめる』の新しい意味や価値観のようなものが伝わる本だといいですね」
「そうなんです。単なるマニュアル本にはしたくないので」
「うーん」。後田は、冷えたコーヒーを一息に飲み干し、沈黙した。トーリは、アイスコーヒーのストローをかみ始めた。10分ほど経ったときに、突然、後田が言った。

「......ということで徳山さん、今週中にいくつかパターンをお送りします」

「ありがとうございます。ご無理を申し上げますが、なにとぞよろしくお願いします。先ほどおっしゃった『相手をリスペクトするために、ことさらほめことばを必要としない』『相手への思いがあれば、丁寧に伝えることがいかに大切かはわかるはず』ということも、蟻巣川先生にお伝えします」

「蟻巣川先生はその道のプロだから、僕が話したことなんて、すでにお考えだと思いますが......」

「いえ、貴重なご意見だと思います。きょうは、とても勉強になりました。修正原稿は、先生から届き次第、後田さんにもお送りします」

「こちらこそ、勉強になりました。今回の本に対する徳山さんのお考えがよくわかりました。それを元にデザインを考えますね。それに徳山さんが、なかなかのほめ上手だということもわかりました。また連絡しますね」

「そんなあ。後田さんに影響されたんですよ。引き続きよろしくお願いします」

そういって、深々と頭を下げた。後田が喫茶店を出ると、トーリは腰が抜けたようにシートに落ちた。急な方針変更だったので後田が怒ると思って、緊張していたのだ。

　「浅嶋先輩、バッチリです。デザイナーの後田さんも理解してくれました。てっきり怒られるかと思っていたんですが、嫌な顔ひとつせず、こちらの言い分を聞いてくれました。すごく度量のある方でした。しかも、僕と同い年だったんです。びっくりですよ。原稿とタイトルのアイデアまで頂戴しました。僕の考えなんて、ホント小さいなあと思いました。もともと本が好きだったみたいで……。よかったです。早速、蟻巣川先生に話をしてみようと思います。あ、先輩、ご紹介ありがとうございました。これでうまく行きそうな気がします」。編集部に戻ったトーリは、一気に話した。

「タイトルも！よかったじゃない。丁寧な仕事をするデザイナーさんだから、大丈夫だと思うよ」

　すずは、後田がトーリと同い年だということを知っていた。どちらかと言えば対照的なこの２人が一緒に仕事をすれば、お互いが刺激になるのではないか。そんな思いで、トーリに後田を紹介したのだった。トーリの顔を見て、すずはホッと胸をなで下ろした。

ほめ名人現る。あれ？なんと同い年だ

トーリの独り言

困難を楽しめるようになると、心に余裕ができるんだろうな。常に慌てず、まず相手を受け入れることのできる後田さんのようにならないと。

企画の変更を伝えるときは、素直に詫びて順序立てて話をする。相手の意見や考えにも耳を傾ける。新たなアイデアが芽吹くかもしれない。

①

計画がすっかり変わるなら、それをチャンスとして捉える。

④

ほめて人を動かすことは重要。でも相手に言うべきことはしっかり伝える。ヨイショをしてもしょうがない。

⑤

さまざまな制限のなかで、一定の品質を担保する努力をする。

②

クライアントのこだわりと妥協できる部分を見極めて、満足のいくものをつくる。

③

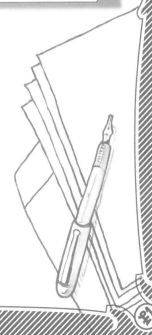

トーリの自主トレ

　敬意を持つことは重要。だけど、ちぐはぐな敬語を使ってしまうこともある。尊敬語と謙譲語を間違えて、相手に不愉快な思いをさせてしまうこともある。敬語には自らを低めていう謙譲語と、相手を高めていう尊敬語がある。それを逆に使ってしまうと、相手に対してとても失礼な言葉遣いになってしまうんだ。敬語についても、まとめてみようと思う。

① 当店では、スマホ決済がご利用できます。

⇒当店では、スマホ決済がご利用になれます。

　「ご利用できます」は「ご〜する」っていう形の謙譲語なんだ。優待券を利用する相手に向かって謙譲語を使うことはできない。謙譲語はあくまでも自分を低めていうことばなんだ。「ご〜なる」という尊敬語の形使わないといけない。

② ロビーで、ご家族がお待ちしています。

⇒ロビーで、ご家族がお待ちになっています。

　「ご家族がお待ちしています」は「お〜する」という形の謙譲語なんだ。この場合は、ロビーで待っているのは、話し相手の家族でしょ。だから「お〜なる」という形を取る尊

敬語を使うんだ。客に対して店員が「またのお越しをお待ち
しています」と言うなら、謙譲語でいいんだけどね。

3 こちらに蟻巣川先生はおりますか。

⇒こちらに蟻巣川先生はいらっしゃいますか。
⇒こちらに蟻巣川先生はお出でになりますか。

「おる」は「いる」の丁寧な言い方。自分の動作を卑下し
たり、相手の言動を見下したりする気持ちが含まれているん
だ。それで自分が相手にへりくだる謙譲語になるんだって。

4 編集長、お客様が参りました。

⇒編集長、お客様がいらっしゃいました。

「参る」は「行く」とか「来る」の謙譲語だ。だからお客様
には使えない。「いらっしゃる」「おいでになる」「お見え
になる」っていう尊敬語を使うのが正しい言い方になる。

**5 食事をご用意したので、
遠慮なくいただいてください。**

⇒食事をご用意したので、遠慮なくお召し上がりください。

「いただく」は、「もらう」「食べる」「飲む」の謙譲語なんだ。
自分が食べるときに「いただきます」というあいさつをす

173

るでしょ。これは自分の行為なので謙譲語を使う。そうすると「どうぞ召し上がれ」という答えが返ってくる。これは相手の行為に対してなので尊敬語を使うんだ。「召し上がる」は「食べる」「飲む」の尊敬語。

⑥ その件は、担当の者に伺ってください。

⇒その件は、担当の者にお尋ねください。
⇒その件は、担当の者にお聞きください。

「伺う」は、「聞く」「尋ねる」「訪問する」の謙譲語。だから、相手の行為を高めて言う場合は、「お尋ねください」「お聞きください」って具合にすればいい。

⑦ ゴッホの絵をご覧になられましたか。

二重敬語っていうのもあるんだ。何気なく使っていることもあるので要注意だよ。

⇒ゴッホの絵をご覧になりましたか。

「ご～なる」で、尊敬語を作るんだって。それに「なる」の尊敬語「なられる」がついた形で、二重敬語になる。過剰な敬語も落ち着かないよね。

⑧ 先生は授業でそうおっしゃられました。

⇒先生は授業でそうおっしゃいました。

「おっしゃる」は「言う」の尊敬語だ。それに尊敬の意を表す助動詞「れる」を重ねたから、これも二重敬語になるんだ。次の場合も同じような間違いなんだって。

「いらっしゃられる」 ⇒ 「いらっしゃる」
「おいでになられる」 ⇒ 「おいでになる」
「召し上がられる」　 ⇒ 「召し上がる」
「ご覧になられる」　 ⇒ 「ご覧になる」

⑨ 原稿を読まさせていただきました。

⇒原稿を読ませていただきました。

「～させてもらう」の謙譲語「～させていただく」に「さ」が入ったもの。使役の助動詞「せる」「させる」は、動詞によって使い分けがあるんだ。
「読む」「書く」といった五段活用の動詞とサ変動詞「する」の未然形には「せる」がついて、それ以外は「させる」がつく。
「読む」の未然形「読ま」には、本来「せる」がつくんだけど、「させる」を使ってしまったんだ。こういうのを「さ入れことば」って言うんだ。

INTERVIEW
インタビュー

お忙しいところ、ありがとうございます。きょうは、デザイナーの後田岳さんに来ていただきました。

Q：どうぞ、よろしくお願いします。相手を思いやる受け答えが素晴らしい、と徳山さんが感動しきりでした。

A：そんなことはないと思うんですが。徳山さんもやり取りが丁寧で、話しやすかったので、会話が弾みました。

Q：徳山さんと同い年だとか。

A：そうみたいですね。私は昔からなぜか年上に見られるので、徳山さんがうらやましいですよ。

Q：そうですか。仕事をするときには、少し年上に見られた方がいいんじゃないですか？

A：そういう側面もありますけどね。結局、年齢や見た目は最初の印象だけなので、仕事をするうえでは、あまり関係ないかもしれません。

**Q:なるほど。それにしても、返しにそつがないですね。何か
コツがあるんですか?**

A:コツというものはないんですけど、気をつけていることは
あります。

Q:それは、どんなことでしょう。教えていただけませんか?

A:徳山さんにも話しましたが、私は学生時代から個人事
業主として細々とではありますが、仕事を請け負っていました。
そのときコミュニケーションの難しさを痛感したんです。

Q:ほう、それはどういうことですか?

A:どうしても自分の意見を伝えようとすることばかりで、ク
ライアントの要望をしっかり受け止めることができなかった
んですね。結局、いつも納期ギリギリまで修正を求められた
り、怒られたりで。

Q:それでどうしたんですか?

A:コミュニケーションを取るということは「相手に時間を
渡すこと」だって気づいたんです。初めて私に仕事を頼む
クライアントは、私の素性を知らないんですから当然、不安
ですよね。しかも要望も未整理のままたくさん抱えていま
す。だから、相手に時間を渡して、じっくり話を聞くことが

先決なんですよね。初めは自分の考えを伝えようと必死で、クライアントのそういう気持ちに思いが至らなかったんです。

Q：相手に時間を渡す、ですか。初めて聞いた解釈です。とてもいいお話ですね。

A：現場で痛い目にあって試行錯誤した結果です。これが、正解だとは思っていませんが、いまできることはこれしかありませんから。

Q：これは、なかなかの分析力ではないですか？ 普通、そこまで考えませんもの。

A：会話は感情のやり取りにもなりますね。その感情に敏感に反応したり、そのひとつひとつを真正面から受け止めたりする必要もないんだと思うんです。カウンセラーではないので。ただ、そういう話をする時間を提供していくと、相手が不自然に抱えている怒りや悲しみからスーッと解放される瞬間に出合えるんです。解決手段は、本人が持っているっていうことなんですね。きっと。

Q：後田さんはすでにカウンセラーのようですよ。

A：いえいえ、そんな立派なものではないんです。あくまでもビジネスを円滑に進めるための手段として考えていただけですから。

Q：そうやって、クライアントの話を聞く姿勢を意識すると何が変わるんですか?

A：これはあくまでも、私の経験ですが、お互いの考えをすり合わせるのが比較的容易になるんです。結局、相手の話を聞くということは、相手の考えや資源を渡してくれるってことです。

Q：資源って?

A：すみません。わかりにくいことばを使ってしまいました。デザインするうえでの資源っていうのかな。相手が持っている感覚やクリエイティブな意識っていうんでしょうか。クライアントは、必ず欲しいと思う形や色があるんですね。だけど、それをうまく言語化できないんです。これは、さまざまな分野でも同じことが言えるはずです。「こんな感じなんだけど」をデザインで見せるのが我々デザイナーの仕事。これを文章で表す職業が記者であったり作家であったりするんじゃないでしょうか。

Q：そういうことなんですね。面白いですねえ。

A：実際には、そう簡単ではないんです。打ち合わせのときに、無意識のうちに主導権を取って自分を有利にしようという力が働きますから。だから意識していないと、ついつい相手の話をさえぎったり、話題を自分の方へ持っていこう

としたり、質問に質問で答えたりするんです。

Q：質問に質問で答えるって?

A：たとえば、「ここの壁の色は明るい方がいいと思うんですけどいかがですか?」と聞かれたときに、「あなたは明るい方がいいと思うのですか?」って聞き返してしまうんです。これだと、「明るくない方がいい」と相手は受け取ってしまいかねない。プロがこういう風に質問の形で答えると、相手は自分の意見に自信がなくなって、不安が募ると思うんです。

Q：はあ、なるほど。確かにそうですね。

A：さっきも言いましたが、クライアントは自分の要望を無秩序に抱えているんです。時間を渡してゆっくり聞いていくと、次第にクライアントが自ら要望する像を結んでいくんです。そこまでくれば、後は比較的簡単なんです。それに見合うストーリーをつくり出していけばいいんですから。

Q ： ストーリーとひとことで言うほど簡単ではなさそうですね。

A：でも、みなさん日常で同じことをしているんじゃないですか?

Q：え、そうですか?

A：ダイエット中に、甘いものが食べたくなると「今週は、仕事を頑張ったご褒美に」とか言うでしょ。これって甘いものを食べるための立派なストーリーですよ。

Q：ストーリーというより、言い訳のような気がしますが。

A：言い訳こそ、偉大なストーリーだと思います。自分を納得・説得させるための。納得できればいいんです。そこが満足の泉なんだと思います。満足の泉に浸れれば、感謝が生まれます。感謝は相手への寛容・受容でしょ。感謝こそが、最大のほめことばじゃないですか。

Q：うわっ、まとめもみごとですねえ。ありがとうございました。引き続き、よろしくお願いします。

A：はい。こちらこそ、本の仕上がりを楽しみにしています。

我が社のコンサルになってもらいたい。
ということで、後田岳さんでした。

ほめ
ACTION
6

コトを動かすには、
ヒトを巻き込まなくちゃ

　徳山桃李は手応えを感じていた。小峠産業大学の蟻巣川大悟に執筆を頼んでいた本のコンセプトを急きょ変更した。大混乱を予想していたが、むしろそれを切っ掛けに蟻巣川とデザイナーの後田岳の作業スピードが、がぜん上がってきたのだ。それに伴って、徳山も残業続きだが、手応えというか、やりがいのようなものをヒシヒシと実感するのだ。全体のピースがパシッ、パシッと納まる場所にきれいに納まっていく感覚。これまで、こんな高揚感を味わったことがなかった。

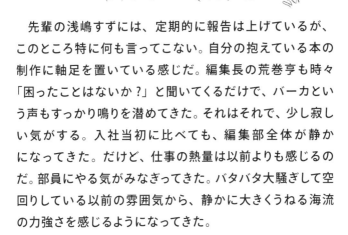

　先輩の浅嶋すずには、定期的に報告は上げているが、このところ特に何も言ってこない。自分の抱えている本の制作に軸足を置いている感じだ。編集長の荒巻亨も時々「困ったことはないか?」と聞いてくるだけで、バーカという声もすっかり鳴りを潜めてきた。それはそれで、少し寂しい気がする。入社当初に比べても、編集部全体が静かになってきた。だけど、仕事の熱量は以前よりも感じるのだ。部員にやる気がみなぎってきた。バタバタ大騒ぎして空回りしている以前の雰囲気から、静かに大きくうねる海流の力強さを感じるようになってきた。

「僕の本も書店の１階入り口にドドーンと並ぶといいなあ。あ、僕の本じゃないか。蟻巣川先生の本だ」

「いいんだよ」。荒巻がぬーっと顔を出して言った。

「あ、ビックリした。何ですか、いきなり」

「著者の蟻巣川先生にとっては先生の本、デザイナーの後田さんにとっては後田さんの本、そして編集者のトーリにとってはトーリの本でいいんだよ。みんなが『私の本』だと思うってことは、それぞれが力を込めているってことじゃないか」

「ちょっといいことを言ったなあ俺って顔してますよ」。ちょうど通りかかったすずが荒巻の耳元で言った。

「うわっ、浅嶋かあ。ビックリした。からかうんじゃないよ。これは、本当なんだから」。荒巻の顔がまっ赤になっている。

「編集長、ウソでもうれしいっす」。トーリが笑いながら言う。

「ウソでもってなんだ。バーカ、ホントなんだよ」

「トーリ君、久々に聞いたね。バーカって」

「ほんとですねえ」

「お前ら寄ってたかって、大人をからかうんじゃないっての」。荒巻も久々に話に絡めたのがうれしい様子で、目尻が下がっている。

「あ、これから印刷の打ち合わせがあるんだった。印刷所に行かなくちゃ」と、トーリは腕時計を見た。

「15時半から営業との打ち合わせもあったでしょ。遅れないようにね」。すずは、トーリに確認した。

「はい、では行ってきます」。風のようにサッーとトーリは出ていった。取り残された形の荒巻は誰にはなしに「きょう、飲みに……行かないよな」。ボソッとつぶやく。「編集長。お付き合いします」。仕事に戻りかけたすずが答えた。

　トーリはクレオ印刷に来ていた。マジ文出版とは昔からお付き合いのある印刷所だ。

「こんにちは。マジ文出版の徳山です」

「ああ、どうぞ。ちょっと待っててもらえる？」。担当の三宮由依が電話機の話口を手で押さえながら、応接室のソファを指差す。

「はい」とトーリは小さな声で答えて、黒いビニール地のソファに腰を掛ける。ソファのコイルが尻に当たる。ガラス棚には、社会人野球の写真とトロフィーが飾られている。「へえ、社会人の野球チームがあるのかあ」。そういえば、入り

口の左奥の方には野球場のネットらしきものが見えていた。
しばらくして三宮が入ってきた。
「お待たせしました。三宮です。あら、お電話では何度か
お話しさせてもらったから、お初にお目にかかりますって感
じじゃないですね」
「こちらこそ、お電話ではいろいろ勉強させていただき、
ありがとうございました」

「勉強だなんて……。かなり押せ押せになっていることは
聞いてたけど」
「当初、8月に執筆して10月脱稿、その後校閲をして12
月中旬校了、翌1月初めに印刷っていう予定だったんです
が、本のコンセプトを変更してもらったので、著者の先生に
書き換えをお願いしたり、デザイナーさんにもページレイア
ウトや装丁を変更してもらったりで、時間がかかってしまっ
たんです」
「どのくらいになりそうなの？」

「はい。途中、著者がぎっくり腰になって回復を待っていたりもしたので、12月いっぱいまでは執筆にかかりそうなんです。年末年始の休みがあるので、校閲に回すのは1月中旬でしょうか。校了は2月上旬になると思います」

「その頃って、印刷業界は結構忙しいの。日本は4月が新年度だから、学習参考書や辞書、ビジネス入門編あたりは1〜3月にかけて出版点数も増えるし、パンフレットの印刷も増えるからね」

「確かにそうですね。私も書店には3月中に置きたいと思っています。5月の連休前や夏休み前を狙う本もあるでしょうけど、いまつくっている本は、ヤングビジネスパーソン向けだから、春先に出したいと思っています」

「多色刷りにはしないんでしょ?」

「はい、可能なら本文は2色。表紙はデザイナーと打ち合わせ中です」

「あまり複雑ではないから、決まればスムーズにいくでしょうけど。2月中旬に印刷っていうことであれば、2週間ほど印刷時間を頂戴することになる。いまなら、スケジュールを押さえられると思う」

「え、そうですか」

「2月10日までにデータをそろえられる?」

「はい、なんとかそれまでには」

「じゃ、そこを押さえておきますね」

「ありがとうございます。ところで、野球部があるんですか？」
「ああ、そうなの。先代の社長が大学の野球部出身でね。それで、いまも野球部だけは残しているの」
「グラウンドもあるんですね」
「そうそう、あそこにネットが見えるでしょ。結構いい野球場なのよ。でも、人件費や維持費がかかるから、野球部を維持するのは結構大変なの。バブルのころはよかったらしいのよ。でも、いまはなかなか厳しい。徳山さんも野球をするの？」

「いえ、見るのが好きで。高校野球はスコアをつけながら見てるんです」
「わあ、それって結構なオタクじゃない？マネジャーに向いてるかも」
「よく言われます。でも、マネジャーほど気が利かないし。むしろ戦力を分析するのが好きなんです。あのバッターは内角に強いとか。このピッチャーはこの状況でこんな球を投げるとか。そんなのを分析して予測するのが好きなんです」

「戦略家なんだね。うちの野球部に来てほしいわあ。監督が聞いたら喜ぶかもしれない。一度、遊びにいらっしゃいよ」
「え、いいんですか？」。トーリは目を輝かせた。
「もちろん。そういう戦略って仕事に生かせるんじゃない？」

「ところが、なかなかそうはいかなくて。1人で考えるのと、大勢の人と関わってものを進めるのでは、全く違いますね。思っていることを相手に伝えるのって、本当に難しいです。何度も失敗しちゃって」

「そうなの？随分しっかりしてるなあ、と思ったんだけど。野球もそうよ。9人ひとチームって言っても、それはレギュラーだけ。控えの選手もいるしベンチに入れない選手もいる。そのほかにもスタッフやそれを応援する社員がいる。それが一つにまとまらないと、野球はなりたたない」

「応援する社員？」

「そう。魅力のひとつは、応援合戦なの。自由参加なんだけど、結構大勢が関わっているの。試合の前からもうお祭り騒ぎ。仕事とは直接関係ないのに、みんな知恵を出し合ってあれこれ考えて応援のアイデアを練っていくの。仕事以外のことで真剣に集まるってことがほとんどないでしょ。古い考え方かもしれないけど、野球を媒介にしてみんなで遊べるっていいなあ、と思う。上司とか部下って感じじゃなくなるんだよね。一体感を味わえるっていうのかな。うまく説明できないんだけど」

「私の仕事は、どちらかというと一匹狼みたいな感じだから、仕事でもそれ以外でも、みんなで何かをするっていう意識はうすいかもしれないなあ」

「そう？徳山さんが手掛ける仕事だって、1人じゃできないでしょ」

「まあ、そうなんですけどね。実際、こうやって三宮さんにもお世話になっているし。でも、なんか1人で突っ走ってしまうことが多くて……」

「みんな一生懸命なのよ。その持ち分においてはね。ちょっと話が変わるけど、この前出張であるターミナル駅にいたの。駅員さんが、列車が出発するときにホームにいる客に注意のアナウンスをしていたんだ。

『ホームドアから離れてください。黄色い点字ブロックの上にのっていると出発できません。青いジャンパーのお客さま、離れてください』って。だんだん声が大きくなるわけよ」

「はい、危ないですからね」

「そうなの。でもね、ちょっとおかしいと思わない？」

「え、何がですか？」

「点字ブロックの上にのっていると出発できないっていうところ。点字ブロックって目の不自由な人がそれを頼りに歩くものでしょ。その場所が危ないって言ってるんだもの」

「あ、そうか。点字ブロックは安全な場所に設置していなくては駄目ですよね」

「そうなの。駅員さんは、安全に列車を走らせるために一生懸命、注意喚起しているわけ。点字ブロックを設置した担当者も安全を考慮しているはずだよね。ならば、何がズレちゃってるんだろうって思うんだ。そもそも点字ブロックの位置が危険だと思うなら、日々安全を促している駅員さんがそれを報告して正さなくちゃいけない。その位置が安全なら、なぜあそこまで過剰なアナウンスをしなくてはならないんだろう。ほかの駅員さんはそうした矛盾に気づかなかったのかな。何よりも、注意された人の目が不自由だったら、その人は何を頼りに駅のホームを歩けばいいんだろう。一生懸命、正しいことをしているはずなのに、かえっ

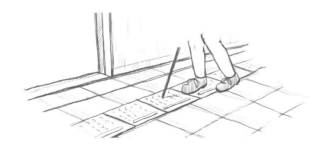

て利用者を翻弄することにもなるんじゃないかって思った
の。誰のための点字ブロックで、誰のための注意アナウン
スかがわからなくなってる。一歩引いて考えれば、何を注
意すべきなのかがわかるはずなのに。

　全体を見て、うまく調整できる人が欲しいなって思うんだ
よね。そうすれば、相手の気持ちもわかるし本当に届ける
べきメッセージも変わってくると思うんだ」

「そうかあ。あれ？浅嶋先輩が似たようなことを言ってたな。
『それぞれの言い分はそれぞれの立場からすれば、至極まっ
とうなことだ』って。少しずつ妥協点を引き出してまとめる
作業が大事なんだって。私はそんなわかりきったようなこと
をするのは面倒くさいって言ったんです。そうしたら、編集
者がそんなことを言ってはいけないってしかられました。
三宮さんの例とは違うから一律に比較できないけど、どこ
となく通じる部分があるかもしれない」
「へえ、浅嶋さんが!?　彼女、しっかりしてるものね。うちに
来てほしいくらい」
「え!」

「冗談よ。でも、浅嶋さんは人をやる気にさせる名人よね。
人に興味があるから人事部でもじゅうぶん手腕を発揮でき
ると思うな。あ、でね、野球の応援もそうなのよ。みんな
が関われば、それぞれの意見がぶつかる。適当にやろうと
思えば、いくらでも手を抜ける。普段違う部署にいるとわ

Action 6

からないんだけど、一緒に同じ作業をすることで、互いが見えてくるんだよね。そうすると意見がぶつかっても、全体を見て意見を調整しながらチームワークを取ろうとする人材が、自然発生的に出てくる。それも1人ってわけじゃない。リードする小さなチームができる。これって、年齢に関係ないみたい。仕事だと上下関係ははっきりしているけど、野球を介してそういう感覚が薄まるのかな。プレーする選手も応援する社員も、次第にコミュニケーションをうまく取れるようになってくる気がする。野球の試合結果はどうあれ、盛り上がる。それがいいんだなあ」

「三宮さんは、何かもめたときに関わらないんですか?」
「うん、私は一切口を出さない。初めはギクシャクしていても、試合に向けて、次第に収斂していくみたい」
「うちの会社だったら、どうかなあ?浅嶋先輩が相当苦労しそうだな」。トーリが笑いながら言うと、トーリの会社の誰を思い出したのか、三宮も笑った。

　トーリはクレオ印刷を辞してマジ文出版に戻り、営業との打ち合わせに臨んだ。

193

「原稿を読ませてもらったよ」。営業部長の鎌田文美が笑いながら言う。鎌田が打ち合わせで笑うときは、気をつけないといけない。いちゃもんをつける前兆だから、と同僚から聞いたことがある。トーリは緊張した。

「あのさ、この本のターゲットは？」
「20歳代のフレシャーズから30歳代前半のビジネスパーソンです」。トーリは少し声が震えた。
「ふーん。年下が目上をほめるってシチュエーションはなかなか難しいんじゃない。かなり無理があるんじゃないかな。君が荒巻さんをほめる？」
「いえ、直接的に『いいねえ』とか『頑張ってるね』なんてことは言えません」

「でしょ？それじゃ、コンセプトそのものに無理があるってことじゃないの？」
「あの〜、ほめるって、そういうことばの問題ではないと思ったんです。世に出ている大人向けの語彙を身につけようっていう本を見ると、確かに僕たち若い世代が使わない

ようなことばが列挙されています。でも、それはほとんど漢語を使って難しく言い換えているだけのような気がしました。たとえば『〜 していただければ大変うれしく思います』を『〜 していただければ幸甚に存じます』という類いです。『大変うれしく思います』を『幸甚に存じます』に置き換えた、いわばことばの変換です。語彙は増やしておいた方がいいと思います。でも、『とてもうれしい』という気持ちを伝えるのに、どちらを使ったとしても悪いわけではない。むしろ、どういう場面で、どういう対応をするのかの方が重要ではないか、と思うようになったんです。

　つまり、語彙の豊富さっていうよりコミュニケーションにおけることば使いや気配りなんです。だから、目上の方や格上の方にだって、尊敬の念があれば自然に接し方やことばの使い方も変わってきます。ほめられることで承認される、というより、相手に敬意を払う心のありようをことばに託したいと思いました。成果を承認してもらうというこれまで僕たちが抱いていた概念ではなく、『ほめるは祝福なんだ』という具合にことばの定義を変えられないか、と考えました。「ほめる」の概念を変えたいと思います。だから、著者の蟻巣川先生とも話をして、A ⇒ B という例文を列挙するだけの本にはしないようにと決めました」

「それって、目上に対するヨイショにならない ?」
「それは違います。ヨイショには敬意はありません。ほめる

とは全く違う概念だと思います」。トーリは鎌田の目を真っすぐ見て答えた。

「いいよ」。鎌田が笑っている。

「はい ?」

「だから、いいよ。面白い」

「へ ?」

「へ ? じゃないよ。いいんじゃない。類書はなさそうだし」
「だって、笑ってるじゃないですか」
「はい ? 笑っちゃいけないの ? 面白いことを言うなあ、君は」
「だって、鎌田部長が笑ったときって……。あ、いえ、何でもありません。いろいろとご指摘くださり、感謝申し上げます」。トーリは頭を下げた。

「ただ、説教くさくならないようにしないとね。いい話ばっかり書いても、鼻について読んでくれないよ」
「はい、ありがとうございます。そういうことのないよう注意します」
「初版部数とか価格は、企画書の通りでいい。制作費がちょっとかさんでるから、微調整は必要になると思う。でも

なんとかなるでしょ。あとは、担当の横山と話を詰めてくれ
ればいいよ。横山一角（よこやまいっかく）と君は同じ1月入社だったよね。同
期ということで頑張ってもらおうか。荒巻さん、それでい
いよね？」

「鎌田さん、ありがとう。トーリ、よかったじゃないか」。
荒巻は相好を崩している。同席していたすずもホッとした
顔をしている。
「徳山、それじゃ、書店と取次の確認とプロモーションに
ついて、打ち合わせを始めようか」。営業担当の横山が、
静かに話し始めた。

ACTION
ほ
ほめ
6

コトを動かすには、ヒトを巻き込まなくちゃ
トーリの独り言

　クレオ印刷の三宮さんも言っていたけど、みんな一生懸命なんだよな。でもどこかズレちゃうんだ。僕もそうなんだ。すぐいっぱいいっぱいになっちゃうしなあ。
「誰のための点字ブロックで、誰のための注意なのか」っていう話は、考えさせられたよな。

野球の話から駅でのエピソードに展開するとは。雑談も結構大切なんだな。

①

自らを客観的に見ていくことは難しい。あ、だから出版では営業の意見も必要なんだ。

④

営業部長は、編集サイドとは違う物差しで書籍を見て、意見を言うんだ。

⑤

　その持ち分においては、みんな一生懸命。でも、そこにだけ意識を向けると全体が見えず、本来の目的を見失うこともある。

②

　だから、全体を見てうまく調整することが必要だ。
　そうすれば相手の気持ちもわかるし、届けるメッセージも変わる。

③

　つまり、アクセルとブレーキ、情と理のバランスを取るっていうこと。これって、人間関係にとっても重要なことだ。

⑥

トーリの自主トレ

　僕たちが普通に使っていることばが、どうも本来の使い方じゃないってことが結構あるみたいなんだ。時々、先輩からも注意された経験もある。思わず口をついてしまうことばが、相手を不快にすることもある。そんなことばを少し整理しておこうと思うんだ。

① とんでもありません／とんでもございません

　僕たちが相手からほめられたときに、それを謙遜して軽く打ち消してあいさつとしてごく普通に使うことばだ。でも、本来の使い方とは違うんだって。

⇒とんでもないことです／とんでもないことでございます

　これが本来の形だって。「とんでもないことです」の丁寧語が「とんでもないことでございます」。どうも「とんでもない」が「面白くもない」「見る影もない」っていう表現と同じ形をしているから、「面白くも＋ない」「見る影も＋ない」と同じように「とんでも＋ない」と分離させた結果じゃないか、って言われている。

　本来は「とんでもない＋ことです」とか「とんでもない＋話です」って具合に分かれるんだって。「とんでもない」まで

がひとかたまりで、「とんでも」で切っちゃいけないんだ。
この違いをわかっている人は、あまりいないと思う。でも、
本来のことばの使い方をきっちり覚えておけば、失礼にな
ることはない。

② なにげに

俗語だけど、これもよく使うよね。難しく言うと、これは
「何気ない」の「ない」を省いて、形容動詞活用語尾の「に」
を付けて副詞のように使われるようになったものらしい。

⇒何気なく

本来は「何気なく」「何気なしに」っていうんだ。「これ
といった特別な意図や考えもなく」という意味。「なにげに」
も同じような意味を表すし、「思いのほか」「まあまあ」な
んて意味で使う場合もある。
「なにげにうまくいった」は「思いのほかうまくいった」
とか「まあまあうまくいった」っていう意味に使うよね。違
和感を持たない人も多いと思う。でも、正式な場所では、
正しいことばの使い方が必要になるから、押さえておか
なくちゃね。

③ ヤバい

　これを使うのは、よくないとはわかっているんだけど、かなり意識しておかないと思わず使ってしまう。「激ヤバ」「超ヤバくない」なんて、普通の会話のなかだと頻繁に出てくる。

　しかも悪いことやマイナスのコトだけじゃなくて、「このタピオカヤバくない?」は「このタピオカおいしい」っていうプラスの意味にもなるから、年配の人は何を言いたいのかがわからなくなるらしい。文脈から推測するしかないからね。

　「ちゃんとした日本語で言いなさい」って言われる前に、直しておいた方がいいと思う。話しことばでは使うけど、さすがに書きことばには使わないな、僕は。

④ ～み

　これは、かなり定番になりつつあるんじゃないかな。SNSなんかではよく使うよ。「眠みが強い」とか「あいつヤバみたっぷりじゃん」みたいね。「ヤバみ」なんて「ヤバい」に「み」がついてるから、目上の人には「なんじゃこりゃ」って感じだろうね。

　「しんどい」って言うと、すごく重い感じになるけど「しんどみが深い」だと少し柔らかい印象になると思うんだ。

仲間につらいってことをわかってもらいたいけど、それほど深刻じゃないからねっていうサインにもなる。

「ヤバみ」も「あいつヤバいよね」と言うと、バッサリ切っちゃった感じだけど「ヤバみたっぷりじゃん」だと、少し緩くなるんだ。この感覚は、なかなか理解されないと思うけどね。

　若者ことばって言われるものは、仲間内のことばなんだよね。それを公の場で使うとギョッとされるのは、わかる。注意しないといけないなあ、とは思うんだけど、一度身についたことばは、気をつけないと思わぬところで使ってしまうので要注意だ。

⑤　バズる

　これは、普通に使うでしょ。英語の buzz からできたことば。虫や機械がブンブンうなる音や声のことで、人がざわめく声っていう意味もある。そこから「最近大流行の」「特に広まっている」っていう形容詞になったんだ。「buzz word」は「最近特に広まっていることば」っていう意味。SNS の世界だと、短い期間で爆発的に話題が広がることを言うんだ。これも SNS では常識語みたいになってる。

　でも、これだって全世代に通じるかというと、そうでも

ない。こうした英語から派生したことばは、日本語として
こなれていないし、何となく品がないように思われること
が多い。使う相手を間違えないようにしよう。

 普通に〜

　⑤で「普通に使うでしょ」って書いたんだけど、これも注
意される。「普通に」ってなんだって。こういうのがヤバい
んだよね。あ、いけない。まずいんだよね。何がまずいかっ
ていうと、ついつい意識せずに使ってしまうってこと。
　話し相手や交渉相手がどういうキャラクターかもわから
ないうちに、思わず仲間内のことばを使ってしまうってい
うこと。もっとも、どれが仲間内のことばなのか、それす
らもわからないことが多い。ちゃんと意識しておかないと。

⇒よく／一般的に／頻繁に

「普通に」も、状況によって意味することが違ってくるから、
それに合ったことばを選ばなくてはならない、ってことな
んだと思う。
「普通に使う」は「よく使う」「一般的に使う」「頻繁に使う」
なんて具合に、使い分けられるといいよね。これも訓練な
んだろうなあ。大人になるって大変なんだよ。

なんと、きょうは鎌田文美営業部長にお越しいただきました。

Q：本編での出番が少なかったと……

A：バカ言っちゃいけませんよ。そんなことは、これぽっちも思っちゃいないから。ただ、荒巻さんが「出番が少ないからすねてるんだろう」なんて言うから。

Q：荒巻さんとは同期入社だとか。

A：そうそう、彼は編集一筋。私は営業一筋。

Q：営業から本を見るっていうのは、どういう感じのものなんですか?

A：本って、できたとき、いや作っているときの熱量がすべてなんだよ。荒巻さんも同じことを言っているかもしれないけどね。編集者の目を見れば大体わかる。

Q：徳山さんはどうでした？

A：ああ、最初はどうなるかなって心配してたの。なんだかギクシャクしてたでしょ。あれは、荒巻さんの手腕だね。うまく育ててると思う。

Q：そうですか? 浅嶋さんのアシストがよかったともっぱらの評判ですが。

A：そうそう、浅嶋さんもよくやったと思う。でも、彼女をサブに置いたのは、何だかんだ言っても荒巻さんの策でしょ。彼女の力を借りてうまく徳山君を伸ばしたと思う。

Q：へえ、そうですか。で、徳山さんは何か変わってきましたか?

A：営業の打ち合わせのとき、私の質問に彼は真っすぐ前を向いて、目をそらすことがなかった。「ほめる」の概念を変えたいって、はっきり言った。あれは、悪くない。

Q：鎌田部長が打ち合わせのときに笑うと、いちゃもんをつけられるって評判をご存じでした?

A：そうらしいね。でも、それは、いちゃもんじゃないよ。営業サイドの質問に編集者がまともに答えられないと、こっちもどう売ればいいかわからないじゃない。だから、

編集にも口を挟むよ。いい作品を世に出したいと思うのは、なにも編集者だけじゃないから。

Q : でも、なんで笑うんですか?

A : そりゃ、違うの。緊張して顔が引きつっちゃうから、無理やり笑い顔を見せてるだけなのよ。

Q : えーっ! そうなんですか?

A : こう見えてもあがり症でね。すぐ赤くなっちゃうからさ。

Q : まさかの答え、ですね。

A : いいじゃない、そんなこと。でも、私のことがうわさになっていることは、耳に入っているけどね。

Q : 先ほど、本のできはその熱量だっておっしゃってましたが、もう少し詳しくお聞かせくださいませんか。

A : 売れる本も売れない本も、手間は同じなんだよね。著者が書いて、デザイナーが装丁やページレイアウトをし、それを印刷するっていう工程は同じなの。著者が書くために割く時間も、デザインする時間も変わらない。だけど、売れる本と売れない本がある。これって不思議だと思わない?

Q：著者の知名度とか宣伝の仕方によっても違うんじゃない
かと思うんですが。

A：確かにそれもある。でも、初めから知名度のある著者
なんていないでしょ。編集者はいつも次を狙える著者を探
している。だけど、そう簡単には見つからない。時代を見
る目も必要。最近じゃ、売れ筋を狙って似たような内容の
本が次々出てくる。類書だらけなんだよね。

Q：確かにそうですね。大和ことばがはやったら、似たような
本が並びますね。

A：それって、ブームで終わっちゃうんだ。そうじゃない本
をつくりたいじゃない。それは、営業を受け持つ私たち
だってそうなんだ。材料は同じでも、切り口で全く違ってく
る。そうなれば、営業だって打つ手はある。

Q：それじゃ、徳山さんの本は売れる、と。

A：そんなことは言っていない。売れるかどうかはわから
ない。でも、結局、彼は周りを巻き込んでいったんだよ。
荒巻さんに育てようと思わせたこともそうだし、浅嶋さん
だって露骨に前に出るんじゃなくて、陰になり日なたにな
りして動いてもいたでしょ。何よりも著者の蟻巣川先生
の考えと彼の思いがシンクロした。これが大きい。さら

に、デザイナーの後田さんにも描き直しを頼んで、嫌み一つ言われなかったっていうじゃない。クレオ印刷の三宮さんからも「今度、野球部に遊びにきてもらうことにした」って、私のところに電話があってさ。

Q：そういえば、パントリーさんも「あれは恋をしている」って言ってました。意味がよくわからなかったんですが、仕事に恋しちゃったんですね。

A：それも、可哀想だけどね。でも、徳山君の熱意はみんなに伝わって、それで動き始めたってことは間違いない。ただ、本が売れるかどうかはわからない。

Q：えー、そこまでおっしゃったのなら、私が売ってやる、くらいのことをガツーンと宣言してくださいよ。

A：それは言えない。そこまでやったとしても、出版は水物だし。一種のばくちだから。昔は、一つ当てて自社ビルが建ったところもあったくらい。でも、いまは何とも言えない。

Q：それじゃ、身も蓋もないですよ。

A：そう。身も蓋もない。でも、それが面白いところだよ。力を使ってないなあ、と思う本がバカ売れすることもある。いい本だなあと思っても、まったく売れないこともあ

る。でもね、長い目で見ればいい本をつくった著者が生き延びる。だって、SNSの世界だって、一発バズっても、それが信用できない情報だったら次から相手にされなくなるじゃない。

Q：鎌田部長もバズるなんてことばを使うんですね。

A：何言ってんの。これでも情報産業に身を置いているから、いろいろウォッチしてるのよ。信用をつくるのは、売れるってことだけではない。どれだけ、その本に向き合ったかっていう熱量なのよね。

Q：話がクルッと回って、元に戻ってきたようなので、この辺でお開きにしたいと思います。鎌田部長、ありがとうございました。

A：え、もう終わりなの？ なんか出番が少ない気がするなあ......。

EPILOGUE

エピローグ

ひとりじゃない。ひとりじゃ何もできない。
ひとりひとりの力をまとめて大きくする。

ほめよう。

蟻巣川先生から最後の原稿を頂戴して、校閲からの指摘を反映してようやく校了したのは、年明け2月10日の未明だった。いつもならバイク便で届けるのだけど、自分でクレオ印刷に届けた。初めての作品だったから、自分で届けたかったのだ。

透明な空に太陽が白っぽく輝いて見えた。深呼吸をする。炭酸水がノドを通ったときのようにシャキッとした冷気が、鼻を通り抜ける。徹夜明けの脳を刺激し、目がさえた。

クレオ印刷に着いたのが朝9時。わざわざ三宮さんが待っていてくれた。校了データを手渡し、会社に戻ってソファーに腰を下ろすと、ほかほかしてきてそのまま眠りに落ちた。

　数日後、デザイナーの後田さんと色校を終えて、予定通りきょう、見本が届くことになっている。

　1月から約1カ月、ひたすらゲラを読んで蟻巣川先生と最終調整をし、後田さんにはギリギリまで修正をお願いした。お二人とも嫌な顔一つせず、確実にそして着実に仕事を前に前に進めてくれた。夜中の2時、3時に入れたメールにもかかわらず、すぐ返事がきた。「ああ、こんな時間まで」と申し訳なく思いつつ、うれしさがこみ上げてきた。

浅嶋先輩もゲラを読んで、全体の流れだけでなく細かな表現の指摘をしてくれた。編集長は、飲み会の後も22時ころにたこ焼きを持って様子を見に戻ってきた。「ここのたこ焼きはタコが大きいんだ」と言いながら、終電ギリギリまでゲラを読んでくれた。

　パントリーの山本さんも時々「コーヒーあまったから。眠気ざましに」と差し入れをしてくれた。でも、それがあまったコーヒーでないことはわかった。挽き立ての豆でなかったら、あんなにいい香りがたつはずがない。営業の鎌田部長も進捗状況を気にしてくれたし、横山君もちょいちょい顔を出して、書店や広告の状況を説明してくれた。

　詳しく紹介できなかったけれど、校閲担当者からの指摘には、何度もヒヤリ、ハッとさせられた。よくぞここまで、と思うほど調べてくれてゲラがまっ赤になっていた。

ひとりじゃない。

編集の仕事は、一匹狼のイメージしかなかった。企画が通らなくて腐っていたときに、浅嶋先輩は「毎日100本、企画のアイデアを書きなさい」と言った。毎日100本なんて、できるわけがない。実際、できなかった。1日5本、多くても10本がせいぜいだった。それでも毎日書き続けることにした。何かをしないと駄目になりそうだったからだ。アイデアがまったく出ずにウンウンうなりながら、それでも書き続けた企画案は500以上になった。ほとんどが思いつき。企画と呼べる代物ではない。それでも書き続けたことが少しずつ自信になった。

　実は僕よりも大変なのは先輩だった。先輩は自分の仕事を抱えながら、僕が書いたアイデアすべてに目を通して、ひとつひとつアドバイスをくれたのだった。そのなかの一つが、今回の企画なのだ。

ひとりじゃ、何もできない。

　頭の隅でわかっていても、「自分」を評価してほめても
らいたいと思っていた。上司の評価は、仲間との比較だと
思っていた。仲間はすべて「敵」だと思っていた。でも、
違った。浅嶋先輩は、身をもってそれを示してくれた。
「ありがとうございます」という感謝のことばしか思い浮か
ばない。

217

先輩をほめるって、おかしなことなんだろうか。確かに、ほめるって、目上の人に使うことはなかなか難しい。評価されることが査定に結びついて「評価＝金銭的リターン」っていう価値観をいつの間にか自分のなかに擦り込んでいたような気がしたのだ。

　感謝したならほめればいい。これって単にほめことばの問題じゃないんだ。もちろん、そのための語彙は必要だ。でも、相手に対する敬意をどう表すかっていうコミュニケーションの問題だったんだってことに気づいた。本のコンセプトを変えようと思ったのも、そこに理由があったんだ。

ひとりひとりの力を
まとめて大きくする。

　個々の力を借りて、その力を信じる。そんな単純なことが、なかなかできない。徹底的に相手をほめる。それは最大限の敬意を払うことと同義だ。小さな力を大きな力に変えるには、それしかない。編集者の仕事って、そういうことなんだ。いや、これは編集者だけの話ではなく、どんな仕事においても、一つのプロジェクトに関わるすべての人にとっても同様だ。

ほめよう。

相手をほめよう。年上であろうが格上であろうが、いいと思ったらほめよう。ほめるは祝福だ。人には必ず何か光るものがあるはずだ。そこをほめよう、敬意を払おう。

理想論だって言われてもいい。そんなのでうまくいくわけがないと、言われてもいい。やってみなくちゃわからない。「まずやってみなさいよ」。浅嶋先輩がそう言って叱咤してくれたことは、間違いじゃなかったんだから。

「おーい、後田さんがお見えだぞ」。荒巻編集長が手招きしている。きょうはデザイナーの後田さんにも来てもらったんだ。一緒にできあがりを見たかったんだ。なぜって？

　　　　　　　　　　　　あ、いいタイミング。

　　　　　　　　　　　　見本が届いた。

　　　　　　　　段ボール箱を開けるよ。

ああ、後田さんに来てもらった理由ね。

それは、彼のひとことでタイトルが決まったからなんだ。

ジャジャーン。

ほら、これがそう。

あとがき

　ことばを使って相手をほめるということは、その人を認めることだ。それは評価するということではなく、相手を受容することから始まる。何よりもことばを介して思いを丁寧に伝えること自体が、言語、非言語にかかわりなく相手へのリスペクトになる。相手への敬意がことばを選ぶからだ。ことばは思考を整理し、感情をしずめることができる。論理的な思考と感情は相反するものではない。感情を論理的に説明すればいい。そこにはことばをギフトとして受け止めてくれる相手が必ずいるからだ。

　本書を書く前に「ほめる」について、あれこれ考えた。自分自身、会社でほめられたことがあっただろうか、と。校閲という仕事をしていると、大きなミスを救っても当たり前。訂正を出せば責任を問われる。ほめられる要素はないのだ。
　徳山桃李の悩みは、そのまま数十年前の僕の姿でもあった。付き合いだけはよかったから、いろいろな部署の人たちや社外の人たちとよく飲んで話をした。聞くことも好きだった。そのときの関わりが、少しずつチャンスを与えてくれた。それが、いまにつながっているのではないか。ほめるって人との関わりのなかで、培われる信頼の元になるのではないだろうか。そんな思いを強くしたのだ。

　書いては悩み、悩んでは書きで、編集者の岩川実加さんにはご迷惑をおかけした。イラストと装丁は and and plus（アンドアンドプラス）の浅川浩樹さんにお願いした。タッグを組むのはこの本で3度目だ。単なるデザイナーとしてではなく、本書でもプロデューサーとして尽力していただいた。

　読者の皆様には、最後までお読みいただき、ありがとうございました。何か一つでもコミュニケーションにおけるヒントになれば、幸いです。

　この本に関わったすべての人を代表してお礼申し上げます。

2019年11月 明け方の鈍色の空のもとで

未來交創代表取締役
ビジョンクリエイター
朝日新聞メディアプロダクション校閲事業部長
前田安正

主な参考文献

『日本国語大辞典』(小学館、ジャパンナレッジから参照)
『広辞苑』(第七版、岩波書店)
『三省堂国語辞典』(第七版、三省堂)
『論語』(金谷治訳注 岩波文庫)
「国語に関する世論調査」(文化庁ホームページ)

前田 安正（まえだ・やすまさ）

未來交創代表取締役 / ビジョンクリエイター
朝日新聞メディアプロダクション校閲事業部長
早稲田大学卒業、事業構想大学院大学修了

1982年朝日新聞社入社、用語幹事、校閲センター長、編集担当補佐兼経営企画担当補佐などを歴任。「漢字んな話」「ことばのたまゆら」「あのとき」など、漢字やことばに関するコラム・エッセイを十数年担当。現在、文章コンサルティングファーム・未來交創代表として、「文章の書き方・直し方」など企業・自治体の広報研修に多数出講。テレビ・ラジオ・雑誌・ネットなどのメディアにも登場している。主な著書には、8.8万部を超えた『マジ文章書けないんだけど』(大和書房) を始め、『きっちり！恥ずかしくない！文章が書ける』『しっかり！まとまった！文章を書く』(すばる舎)、『3行しか書けない人のための文章教室』『ヤバいほど日本語知らないんだけど』(朝日新聞出版)、『漢字んな話』『同2』(三省堂) など。海外での翻訳・出版も多数。

浅川 浩樹（あさかわ・ひろき）

クリエイティブ・プロデューサー / コンセプトデザイナー / デザイナー
株式会社 and and plus 代表取締役 / デザイン会社 A 代表
多摩美術大学プロダクトデザイン専攻卒業、事業構想大学院大学修了

住宅設備メーカーで住空間の製品デザイン、オフィスファニチャーメーカーでオフィス・ホテル・ショールームなどの空間デザインを手掛ける。デザイン事務所でのプロジェクトデザインを経て、独立。事業づくりの経営学からコンセプトを策定し、プロダクト・空間・WEB・グラフィックデザインの複合的な表現を統合して企業ブランド構築を支援。複数社のクリエイティブプロデュースを担当。and and plus では、アーティスト、クリエイター、各種専門家の集合知を活かした仕組みのデザインを手掛ける。受賞歴：『マジ文章書けないんだけど』ブックデザイン賞、グッドデザイン賞（共同出願）、日経ニューオフィス賞（共同出願） ほか

○ブックデザイン・イラスト・DTP 浅川 浩樹
○校正・校閲 朝日新聞メディアプロダクション
○編集 岩川 実加

ほめ本 こころ通わすコミュニケーション

2020年3月30日 初版発行	

著者　　前田 安正
発行者　常塚 嘉明
発行所　株式会社 ぱる出版

〒160-0011 東京都新宿区若葉 1-9-16
代表 03(3353)2835　FAX 03(3353)2826
編集 03(3353)3679
振替 東京00100-3-131586
印刷・製本 中央精版印刷㈱